Un Aspect du Régionalisme

UNE ENQUÊTE

sur la

Sculpture Bourguignonne

Dirigée pour la Revue de Bourgogne

PAR

Marcel MAYER

DIJON

IMPRIMERIE DARANTIERE

13, RUE PAUL-CABET, 13

1913

LA SCULPTURE BOURGUIGNONNE

PEUT-ON, AU XXe SIÈCLE RECONSTITUER UNE ÉCOLE, UN STYLE BOURGUIGNONS ?

Il semble que le cri soit général; non seulement le cri d'alarme : « L'art se meurt ! » que l'on a répété à satiété, sans émoi, sans foi; mais le cri d'espoir : « Il faut ranimer la flamme ; il faut surtout relever les institutions d'autrefois, si fécondes, les ateliers, qui constituaient les vraies écoles d'art. Il faut ! car le salut est là ! » Oui, il semble bien qu'émus de la défaillance artistique actuelle de la France, tous les regards se tournent en arrière, non point chargés de regrets, mais remplis de confiance. Un courant nouveau s'est dessiné chez les artistes et nous avons aujourd'hui les hellénisants et les gothiques; les critiques, pour stimuler les ardeurs, rappellent à l'envi l'exemple des maîtres d'autrefois; les revues d'art, même les plus avancées, parlent d'unité rompue, de tradition à relier; il n'est pas, enfin, jusqu'aux parlementaires qui ne stigmatisent l'enseignement officiel de l'École des Beaux-Arts et qui, eux aussi, donnent le passé en modèle. Dans son Art et Démocratie, M. J. Paul-Boncour, l'éloquent rapporteur du budget des Beaux-Arts de 1910, résume ainsi l'opinion des meilleurs artistes contemporains : Rodin, Carrière, Besnard, J. Blanche : « Il n'y a pas de bons élèves parce qu'il n'y a plus de maîtres au sens véritable du mot... Il n'y a plus d'éducation

1*

technique... Personne ne connaît plus les recettes, les lois mystérieuses que les maîtres communiquaient à leurs élèves... Il n'y a plus de traditions et chacun est obligé de perdre vingt ans de sa vie — s'il a compris et s'il a le désir d'apprendre — à chercher une technique que l'on possédait jadis au sortir de l'atelier. » De son côté, M. le sénateur Couyba, dans son rapport du budget des Beaux-Arts de cette année, parle à peu de chose près le même langage.

Ainsi, le mal dont souffre l'art français — mal de langueur — apparaît à tous les esprits comme guérissable : facilement quant à la connaissance du remède, non plus quant à son application. Car, comment renouer cette tradition rompue ? Comment reconstituer l'atelier d'autrefois ? Comment conquérir cette technique sûre, cette compréhension solide de la nature sans lesquelles toute interprétation heureuse, toute originalité de bon aloi sont défendues ? Spontanément on a répondu : par le régionalisme ! par la reconstitution des écoles provinciales disparues devant la centralisation parisienne ! Décentraliser l'art, ne point aller demander à des maîtres officiels un enseignement dont on reconnaît l'insuffisance, si ce n'est pis ; le prendre chez les artistes qui sont de votre pays, qui sentent et voient comme vous parce qu'ils ont senti et vu les mêmes choses avec une âme et un esprit propres à votre race ; prendre ses modèles autour de soi, les pénétrer ; se débarrasser de la vanité de la consécration parisienne, de la soporifique réclame ; avoir plus d'orgueil à enrichir sa province qu'à produire pour l'État, oui surtout « ne pas travailler, comme le jeune artiste dont parle M. Couyba, pour obtenir une bourse, un achat, une commande de l'État, voire un secours » ! Décentraliser, tel est le remède que l'on propose de toutes parts. Qu'attend-on pour l'employer ? Les moyens pratiques.

Eh bien, c'est aux intéressées, aux régions, aux provinces, de trouver ces moyens, de les exposer et de les expérimenter. Les sociétés d'Amis des Arts, les revues régionales doivent se mettre au travail. Elles doivent songer que pour faire renaître leur art national, pour lui redonner sa caractéristique provinciale, pour faire revenir leurs artistes chez elles, pour retirer à Paris, en un mot, une de ses prérogatives auxquelles il tient le plus, il faut un beau courage et une inlassable volonté ; il faut ne compter que sur soi. Compter sur un fédéralisme décentralisateur dont Paris, devenu par impossible régionaliste, ferait une question de mode, serait pure négation, pure folie. Travaillons.

*_**

C'est pénétré de cette utilité de l'action décentralisatrice que nous avons entrepris cette enquête.

S'il est une province que le goût du ciseau a toujours caractérisée, chez qui la sculpture est un art de race, un indéniable génie, c'est bien la Bourgogne. Les imagiers de la dernière période du moyen âge, les menuisiers et ornemanistes de la Renaissance, les artistes délicats du XVIIIe siècle, toute la pléiade qui illustra le XIXe et qui honore encore aujourd'hui la statuaire française en témoignent superbement. Hélas! avec le XIXe siècle les sculpteurs bourguignons ont émigré, attirés par Paris. Rude et Jouffroy s'éloignèrent les premiers. Depuis, le pli étant pris, les élèves de l'école des Beaux-Arts de Dijon y partent chaque année et y restent pour vivre, quelques-uns y conquérir la gloire. De la terre bourguignonne, ils gardent la fièvre du ciseau et leur tempérament; de l'enseignement dijonnais, ils emportent de précieux et solides rudiments; de leur province tous conservent un amour filial extrêmement touchant. Aucun ne déroge, aucun ne perd contact avec son pays. Tous y reviennent plusieurs fois l'an, y entretiennent une correspondance, recherchent les commandes de leurs compatriotes, et tirent souvent vanité de leur origine vigneronne. Mais ces artistes bourguignons contemporains n'ont, dans leur œuvre, aucun lien, aucun point commun. Idées, goût, procédés diffèrent; et si les Bourguignons sont les plus nombreux parmi les sculpteurs provinciaux d'aujourd'hui, il est impossible de dire pourtant qu'ils forment une école. Il n'y a pas, à proprement parler, d'école bourguignonne de sculpture; il y a des artistes nés en Bourgogne, qui ont un talent personnel, parfois un style caractéristique, mais c'est tout. Or, précisément, tous les artistes de France en sont là.

Cl. Pion-Nourrit

CLAUS DE WERVE
Pleurant du Tombeau
de Philippe le Hardi

C'est donc ici que, selon certains, apparaît le besoin de donner aux artistes de la province bourguignonne, fils d'une même race, un souffle artistique commun, une sorte d'inspiration de terroir qui ne les obligerait nullement, d'ailleurs, à réfréner leur personnalité. Il en serait d'eux comme des grands vins de la bonne Côte-d'Or dont pas un n'a exactement le même bouquet et qu'une parenté on ne peut plus étroite unit pourtant. Ainsi, le style bourguignon refleurirait, avec son caractère, son originalité, son unité. On sait l'influence que l'école bourguignonne du XVe siècle a eue sur l'art français. La Renaissance, on l'a prétendu, est tributaire de Claus Sluter, Donatello et Michel-Ange y compris. Mieux encore l'historien de l'imagier des ducs de Bourgogne, M. Kleinclausz, a-t-il pu dire en manière de conclusion que « Sluter a créé, en somme, la statuaire moderne. » Pourquoi l'école bourguignonne ressuscitée n'aurait-elle pas, aujourd'hui, une action semblable sur l'art français. Le nombre et la valeur des sculpteurs bourguignons permettraient de l'espérer.

L'idée est infiniment séduisante, l'entreprise tentante. Renouer ainsi la chaîne rompue avec l'école slutérienne, beau rêve ! Mais question trop grave cependant pour être abordée à la légère. Aussi bien touche-t-elle à une branche vitale de l'art français. Il importait donc de s'entourer d'opinions et d'avis, et c'est pourquoi nous avons soumis l'idée de la reconstitution d'un atelier bourguignon de sculpture à nombre de critiques d'art, de professeurs de l'histoire de l'art, de directeurs de revues d'art, de membres de groupements artistiques provinciaux, de conservateurs de musées français et flamands, de statuaires, d'artistes bourguignons, de parlementaires, de professeurs de droit administratif, etc. Résolument, nous ne nous sommes pas adressé qu'à des noms illustres ; nous tenions aussi aux conseils de régionalistes fervents. A tous nous avons formulé le questionnaire que voici :

— Est-il possible de reconstituer au xxe siècle une école bourguignonne de sculpture telle qu'elle exista au xve siècle avec Jean de Marville, Claus Sluter, Claus de Werve, Jean de la Huerta, Antoine le Moiturier, Jean Michel, les frères de la Sonnette, etc., école qui prépara, avant l'Italie, l'évolution de l'art gothique français vers la Renaissance et dont la technique se retrouva plus tard sous le ciseau de Rude ?

— Une telle reconstitution serait-elle utile?

— Quels seraient les moyens d'y parvenir?

En posant ces questions sous cette forme, nous entendions bien ne point marquer de préférence ni d'hostilité ; cette impartialité laissait toute liberté d'opinion aux personnalités interviewées et leurs réponses n'en ont encore que plus de poids.

Mais qu'elles sont diverses ces réponses! Si elles peuvent être classées grosso modo en sceptiques, favorables et possibilistes, — ordre que nous adopterons pour les publier, — il n'en est pour ainsi dire aucune qui n'ait son argument ou son objection propre. De sorte que notre enquête se trouve à la fois curieuse et complète et que les idées qui y sont remuées projettent sur la question une claire lumière.

**

La réponse de M. Henri Chabeuf, ancien président de l'Académie de Dijon, sera la réponse de début. Outre que notre éminent correspondant se classe, en ce qui concerne notre enquête, parmi les sceptiques, il appuie son opinion sur une documentation si serrée, si à propos, que cette réponse forme une véritable préface à notre enquête ; c'est aussi parce que les régionalistes bourguignons doivent cet hommage à M. H. Chabeuf dont la plume a tant loué sa province, Dijon, nos richesses, nos gloires, notre race.

Vous me faites l'honneur de me demander mon avis sur les moyens d'arriver à une décentralisation artistique, dont le principal facteur serait la résurrection, à Dijon, d'un grand atelier de sculpture comme celui dont au xve siècle l'action rayonna sur le monde occidental tout entier. Et vous rappelez ces noms illustres, Jehan de Marville, Claus de Werve, Jehan de la Huerta, Antoine le Moiturier, les frères de la Sonnette qui taillèrent le beau « Sépulcre » de l'hôpital de Tonnerre, sans compter la foule des inconnus, tous dominés par la haute et géniale figure du grand initiateur, Claus Sluter.

Oui, Dijon fut alors une des lumières du moyen âge, et jusqu'en Espagne, en Italie, même, Louis Courajod a reconnu l'action de cette grande école de vérité, qui, dans l'histoire de l'art non antique, doit porter le nom de « École de la Chartreuse ».

CLAUS DE WERVE

Pleurants du Tombeau de Philippe le Hardi

Les conditions étaient singulièrement favorables; indépendante depuis des siècles sous des princes politiques, puissants et artistes, la Bourgogne était sortie de l'unité nationale en devenir. Elle existait, nation à part, ayant sa race, ses mœurs, son caractère et, comme chaque région petite ou grande avait le sien, son art. Et l'empreinte était si forte que ces étrangers venus : Jehan de Marville, du Nord, Claus Sluter et Claus de Werve, de plus loin encore, de la Gueldre, Jehan de la Huerta qui est Aragonais, Antoine le Moiturier, un Dauphinois, feront tous du bourguignon. Aussi, dans un musée d'originaux ou de moulages, par le type très personnel des figures, plus entassé que dans l'imagerie de la Champagne, de l'Ile-de-France ou de la Picardie, mais robuste et sain, par l'arrangement large des draperies, les Vierges bourguignonnes se reconnaissent-elles au premier coup d'œil.

Il y eut alors dans l'école dijonnaise — peut-être ce mot, étant donnée la configuration complexe de la province, est-il plus exact — une puissance, une abondance merveilleuse et créatrice. Mais à partir de 1500 elles vont s'affaiblissant. Il y a encore des imagiers bourguignons, ainsi ce Jean Damotte qui exécute pour Saint-Michel de Dijon un ensemble de sculptures dont le cadre subsiste seul dans la chapelle des Rois. On peut lui attribuer aussi ce retable venu de l'ancien Saint-Pierre au musée, et j'aimerais à penser qu'une main dijonnaise a fait vivre dans la pierre ces combats des cavaliers d'allure quasi-florentine, qui, mutilés, se voient encore dans une arrière-cour de la rue des Forges, ce musée de maisons historiques et ornées. Mais on peut dire que notre grande école nationale a vécu et quand il s'agit de remplir le grand tympan du portail de Saint-Michel, on s'adresse à un étranger, Nicolas de la Court, qui vient de Douai et nous donne ce « Jugement dernier » tout florentin, fort beau d'ailleurs, mis indûment sous le nom de Hugues Sambin. Et quand en 1538, l'amiral Chabot jettera en travers de la chapelle seigneuriale des Vienne, au château de Pagny, cette admirable clôture en marbre blanc et de couleur, qu'une vente sacrilège a fait passer dans la collection Foulc, à Paris, il choisit non un Bourguignon, mais un imagier de l'Ile-de-France, sans doute un élève de Jean Cousin.

CLAUS DE WERVE

Pleurants du Tombeau de Philippe le Hardi

Mais la puissante sève de l'école s'est seulement détournée pour s'épancher abondante et généreuse, un peu plus bas, dans les arts dits décoratifs. Hugues Sambin, le bon « architecteur » et « menuisier », ce Comtois venu de Gray à Dijon pour y être représentatif du génie de la Renaissance dans la seconde moitié du xvıᵉ siècle, sera le chef d'une école singulièrement vivace qui, dans le meuble surtout, et dans le décor extérieur du logis, prodigue des œuvres touffues, un peu exubérantes, mais combien viriles et fortes, émanations d'une race solide et riche, qui s'affirment en des beautés bien différentes de l'élégance plus raffinée des écoles parisienne et lyonnaise. Ce n'est pas plus, ni moins, c'est différent.

Au xvııᵉ siècle français, c'en est fait des écoles provinciales, l'art officiel et royal a passé sur toutes choses son niveau égalitaire; notre bon sculpteur Jean Dubois n'est qu'un succédané de l'école de Versailles, qui apparaît elle-même comme une adaptation à l'excellent goût national du style romain, j'entends du style Bernin. Au xvıııᵉ, nous avons encore en Bourgogne quelques habiles gens qui se contentent de renommées provinciales, Larmié, Boichot, Marlet, le charmant Attiret, un Comtois, d'ailleurs, venu de Dole et qui s'est fait tout Dijonnais; ce sont des isolés et dont l'art est celui de tout le monde.

Mais le xıxᵉ est marqué par un renouveau rare et singulièrement puissant de la statuaire; quelle en fut la cause, l'occasion, si l'on veut? Dans tout événement humain, en effet, il y a une cause plus ou moins apparente, de hasard entier, jamais. Seulement, cette cause, quelle est-elle? Je me suis attaché longtemps à cette idée générale, trop générale, qu'il y avait là une destination de la race. Le Bourguignon, plaidais-je, est un homme de sens rassis, solide et fort, d'ailleurs, qui volontiers appuie un peu sur ses idées, éloquent, sans grande imagination toutefois. Eh bien, l'art qui comporte le moins l'improvisation et l'à peu près, n'est-il pas par définition l'art bourguignon par excellence? Et si je m'objectais Prud'hon et Ziem, je me répondais que Prud'hon, un voisin de berceau de Lamartine — un rapprochement qui n'a rien de forcé — appartient à la Bourgogne du midi, celle où les toits s'aplatissent sous la tuile romaine, où la lumière s'avive déjà des rayons du soleil méditerranéen, que Ziem, enfin, le

Turner français, eut des ancêtres et très proches, venus du pays des féeries orientales.

Soit, mais au moyen âge si la sculpture bourguignonne — voyez ce qu'il en reste à Notre-Dame — a un caractère marqué, romain, plus que romain, dirais-je volontiers, de grandeur et de force, en quoi la Bourgogne se montre-t-elle mieux douée que l'Ile-de-France, la Champagne et la Picardie? Et que dire de ce long sommeil qui a suivi le prodigieux effort du xvᵉ siècle? Remarquons-le, je l'ai indiqué déjà, j'y reviens parce qu'on l'a objecté non sans quelque malice à Courajod, le champion, je n'ose dire l'inventeur de l'école bourguignonne, que celle-ci se compose surtout d'étrangers.

Pourtant je ne pense pas m'être trompé du tout au tout; oui, peu fait pour la poésie et la couleur, par son caractère le Bourguignon était voué à la sculpture. N'est-ce pas du reste, et pour les mêmes causes, la destination historique de la France à travers les âges? Chez les autres peuples, l'art de la pierre et du bronze a eu de longs sommeils, en France, jamais; il s'est renouvelé, mais n'a jamais langui. Comment, sans cette inclination primordiale de notre race bourguignonne, expliquer cette splendide éclosion de l'art statuaire au xixᵉ siècle? Reconnaîtrons-nous là l'influence d'une forte secousse donnée par un de ces hommes de génie qui orientent vers un but nouveau toutes les forces vives d'une nation? Non, Devosge, le créateur, l'initiateur de l'école des Beaux-Arts instituée par les États de Bourgogne, était un peintre médiocre, à vrai dire, mais bon professeur parce que dévoué, consciencieux et se donnant tout entier. Bornier, le professeur de sculpture, est de sa race, c'est-à-dire appliqué et médiocre; Darbois qui lui succède, encore plus; vous savez cependant quelle magnifique envolée va prendre la sculpture bourguignonne au xixᵉ siècle. Rude, Jouffroy, Diébolt, Eugène Guillaume, Tournois, Paul Gasq, Henry Bouchard, Eugène Piron, huit grands prix de Rome sont sortis en un siècle de l'enseignement donné à Dijon. Et à côté d'eux, voici Mathurin et Auguste Moreau, Travaux, Garraud, Paul Cabet, Dampt, Yencesse, de quoi composer toute une école.

École? A vrai dire, non; ce terme indique plutôt une grande famille d'artistes ayant une même conception de la forme et de l'expression, poursuivant un même idéal de beauté dans le vrai. Rien de semblable ici, mais un assemblage de talents très divers ; où démêler, par exemple, une parenté entre un Eugène Guillaume, cet hellénistique, ce Romain, et un Mathurin Moreau en qui revit l'art facile et charmant des xviie et xviiie siècles français ? (1).

C'est que les « provinces » et le lien provincial n'existent plus, et ce n'est pas seulement par l'effet d'une division nouvelle et géographique. Bien avant 1790, au point de vue artistique les écoles locales étaient mortes et c'est de Paris que venaient toute discipline et toute lumière. Inutile d'insister sur ce fait des écoles régionales du moyen âge, et d'expliquer ce qui historiquement est très clair. Mais au xvie siècle, il en est encore de même ; la Renaissance architecturale dijonnaise n'est pas identique à celle de la Champagne, de Langres, par exemple, si voisin pourtant, de l'Ile-de-France, des bords de la Loire ; l'unité se fait plus sentir dans la sculpture, mais dans le meuble chaque province a encore son style personnel. Ces diversités disparaissent au xviie siècle et depuis plus de 250 ans c'est l'art de Paris qui règne en maître du Pas-de-Calais à la Côte d'Azur. Ainsi c'est maintenant le « modern style » qui sévit partout et fait accepter docilement ses fantaisies à une nation où le constant souci de chacun en toutes choses est la peur de ne point paraître assez avancé.

Il y a cependant, si l'on veut, une école lyonnaise ; la ville des belles soies brochées produit en abondance de bons peintres de fleurs, un peu secs. Mais c'est une exception plus industrielle qu'artistique. Une autre ville qui, voici plus d'un demi-siècle, élaborait un programme complet de décentralisation administrative a eu, a encore une école sinon de grand art, du moins d'art décoratif, c'est Nancy, qui fut la dernière des capitales autonomes de l'ancienne France. Un homme de grand talent s'est rencontré, Gallé, qui, dans la verrerie supérieure et le meuble, a créé un style à lui. Il y a également Limoges qui a su aussi enter un art personnel sur les traditions ancestrales. Mais les autres ?

---

(1) M. Charles Mazeau qui admirait fort la puissante floraison de la statuaire bourguignonne au xixe siècle, était tenté de l'attribuer à l'influence du grand François Rude ; peut-être. Cependant l'auteur génial du " Départ ", ne fut vraiment populaire en Bourgogne que vers le milieu du siècle.   (H. C.)

C'est que pour créer quelque chose dans l'ordre du beau tout court, ou du beau dans l'utile, il faut une inspiration venue sinon d'un homme de génie, du moins d'un homme de grand talent, de volonté, qui non seulement crée des formes, des expressions nouvelles, mais réalise en lui des idées flottant dans l'ambiance et arrive à se faire accepter de tous. On n'a jamais décrété, on ne décrètera jamais un style nouveau, cela vient tout seul comme une mode, mystérieusement, en apparence, mais sous des impulsions extérieures ou intérieures, que, en y regardant bien, on peut toujours déterminer. Ceux qui se mettent à leur table de travail avec la résolution arrêtée, avec la bonne volonté ingénue de faire du nouveau n'arriveront jamais qu'à l'incommode et au bizarre.

Vienne donc parmi nous, à notre foyer provincial, un de ces hommes d'initiative et d'invention faits pour conduire les autres, que pourra-t-il pour créer parmi nous un foyer durable de grand art? Rien, j'en ai peur, ou bien peu de chose. C'est toujours vers Paris que se tourneront tous les regards, que s'achemineront les talents aussitôt qu'à demi formés, et bien peu consentiront à replier leurs ailes pour vivre en province, comme y vivait un Claus Sluter. Mais Dijon alors n'était pas la province; c'était la capitale d'un prince ami de tous les luxes, surtout du luxe artistique, et qui se suffisait à elle-même.

Après tout, l'école, l'atelier rêvés par vous, mon cher confrère et ami, ils existent, c'est notre très vaillante, très vivante école des Beaux-Arts. Je sais, on n'y enseigne pas l'originalité, cela ne s'apprend pas, ne s'est jamais appris, l'art de la Bourgogne, pas davantage, parce qu'il n'y a plus d'art bourguignon, mais on y enseigne et bien, j'en atteste les produits, l'art français, l'art universel; on y fait ses humanités, de bonnes humanités, à chacun ensuite de suivre sa voie suivant son indice particulier de réfraction, sa vision propre du monde extérieur. Assurément nos jeunes compatriotes y apporteront cette sincérité, cette loyauté, cet esprit de mesure qui sont les caractères très nobles de notre race, mais iront-ils plus loin? Affirmeront-ils dans l'art français quelqu'une de ces modalités diverses qui font que tout de même, un Bourguignon n'est pas absolument identique à un

Lorrain, à un Lyonnais où à un Comtois, en arriveront-ils à mettre sur leurs œuvres comme une marque sensible de notre génie propre ? Je ne sais et y compte peu ; en tous cas cette empreinte ne sera jamais assez appuyée, selon moi, pour former, en ce xx⁰ siècle qui commence, une véritable école bourguignonne au sens où nous l'entendons, vous et moi.

Quoiqu'il en soit, ce ne sera point par des moyens plus ou moins administratifs et officiels qu'on y parviendra, que l'on retiendra dans un milieu provincial des jeunes dont toutes les aspirations seront toujours vers les Salons parisiens, vers le pays où l'on distribue la renommée, la gloire et... les commandes. Le milieu où a pu exister un atelier souverain comme celui de Sluter n'appartient plus qu'au passé, au lointain passé, et dans les choses humaines il est sans exemple que l'on se retrouve jamais deux fois dans la durée au même point de l'espace.

Par cette lettre, la question nous semble développée, mise au point. L'histoire sculpturale de la Bourgogne y est retracée clairement, notre génie provincial défini, les efforts de décentralisation artistique tentés à Lyon, à Nancy, à Limoges, rappelés. Rien n'est omis pour permettre la relation du passé avec le présent, pour faire juger de ce qui est à faire par ce qui a été fait. Devant ces oppositions, M. Chabeuf ne perd pas confiance ; pourtant il reste incrédule en ce qui concerne la création d'une école bourguignonne de sculpture. Au reste, il a foi dans notre école des Beaux-Arts pour former les artistes que notre terre continuera de donner.

Conclusions semblables seront celles des deux anciens professeurs d'Histoire bourguignonne à la Faculté des Lettres de Dijon : MM. Kleinclausz, professeur à la Faculté de Lyon et Calmette, professeur à la Faculté de Toulouse, ainsi que du titulaire actuel de la chaire, M. Febvre.

Ma réponse sera très nette, *dit M. Kleinclausz* : on ne crée pas *artificiellement* une école de sculpture. S'il y a eu à Dijon au xv⁰ siècle une école de sculpture, c'est qu'il y a eu un Claus Sluter pour la diriger, des ducs de Bourgogne pour lui faire des commandes, et tout

un milieu pour les admirer. Où est Claus Sluter ? où sont les ducs ?
où est le milieu ?

Je vous laisse le soin de répondre.

M. Joseph Calmette est moins laconique :

La vitalité artistique de la Bourgogne non plus que la continuité
de sa prédilection pour la sculpture ne saurait faire doute. De tout
temps, le Bourguignon a vu en relief et a su exprimer par des formes,
et une affinité indiscutable se surprend, à travers les siècles, entre les
représentants successifs de ce génie bourguignon si caractéristique
dont je me suis efforcé de définir la substance et de montrer l'unité
dans les leçons auxquelles vous voulez bien faire, dans la lettre à
laquelle je réponds aujourd'hui, une si flatteuse allusion.

Mais, s'il s'agit d'apprécier les chances qu'auraient à cette heure
la tentative d'une école de sculpture bourguignonne semblable à celle
du xv⁰ siècle, je crois bien que toute illusion doit être bannie. Le
temps n'est plus où des écoles artistiques vraiment locales et dignes de
l'art pouvaient éclore et rivaliser sur le sol de la France. Une centralisation puissante a triomphé, moins artificielle qu'on ne le suppose
d'ordinaire, conséquence logique de l'unité française telle qu'elle
résulte du jeu même de l'histoire et du travail des siècles. C'est un
fait que Paris exerce dans la France d'aujourd'hui, — et aussi hors de
France, — une force d'attraction et de rayonnement telle qu'aucune
autre capitale du monde ne peut s'enorgueillir de posséder la
pareille. La vie intellectuelle, morale, économique de toute la France
emprunte à Paris son rythme. Or, il faut y prendre garde : ce que
chaque province reçoit de Paris, ce n'est point un souffle parisien,
c'est un souffle français. Car, c'est le privilège et c'est la vertu de
l'unité française que d'avoir fondu en un esprit *français* les esprits
provinciaux d'autrefois. L'équilibre de la France dans le domaine de
l'intelligence et du goût est fait avant tout de cette multiplicité et de
cette combinaison harmonieuse des éléments premiers. *Art français*
ne signifie nullement, comme aux temps des gothiques, art de l'Ile-de-
France. Le patrimoine intellectuel et artistique de la France actuelle est

comme un bien commun et indivis où toutes les provinces peuvent mesurer et reconnaître leur apport. La constitution d'écoles régionales dans la littérature ou la plastique supposerait en quelque manière une dissolution de cette communauté prospère, c'est-à-dire en fait soit une régression historique soit une transformation nouvelle dont on ne saurait escompter les effets avant qu'elle ne se soit produite ou annoncée. Au surplus, pour que la Bourgogne du xxᵉ siècle pût réaliser les conditions matérielles qui permettraient d'établir et de faire vivre sur son sol une école propre analogue à celles du passé, il faudrait au préalable pouvoir lui rendre ses ducs ou tout au moins ses États.

La formation de telles écoles régionales, à supposer qu'il fût au pouvoir de quelqu'un de les ressusciter, serait-elle utile ? A cette question je répondrais plutôt par la négative. Si, en effet, la primauté intellectuelle et artistique de la France dans le monde vient surtout, comme je le crois, de l'heureuse collaboration de toutes les provinces, associées à l'œuvre commune qui trouve à Paris son estampille, non sa source, la substitution d'arts locaux à l'art français ne serait certes pas un enrichissement.

Par contre, ce qui est utile et désirable éminemment, c'est la culture de l'esprit bourguignon en Bourgogne. Rude a été un grand artiste français et un grand Bourguignon. De Prudhon, je pourrais dire de même. Que Rude et Prudhon, quoique sortis de l'école dijonnaise de Devosge, se soient développés et épanouis dans le milieu même de l'art français, c'est un signe assez clair qu'il y a cent ans déjà un atelier provincial si vivace et si florissant qu'il fût ne pouvait suffire à de grands artistes. L'exemple de ces deux Maîtres, — en qui revivait si manifestement encore que diversement l'âme de leur pays natal, — prouve en même temps combien il est précieux pour l'honneur même de l'art français que les artistes de Bourgogne restent d'authentiques Bourguignons.

La conclusion à laquelle il faut, à mon sens, s'arrêter, est donc bien claire. Ne songeons pas à un retour au passé, ne rêvons pas d'une école régionale d'art comparable à celles de jadis, alimentée sur place et colonisant le monde en attendant d'être submergée par quelque vague du dehors ; mais plutôt cultivons avec méthode et persévérance l'esprit bourguignon, pour donner à l'art français des maîtres fidèles à leur province, c'est-à-dire fidèles à eux-mêmes. Qu'à Dijon notamment l'on s'efforce de former des artistes et aussi des artisans convaincus de l'excellence des œuvres qui les entourent, pénétrés des vertus originales et fortes de leurs devanciers; qu'à cet effet les pouvoirs locaux et les riches particuliers ne négligent ni enseignements rationnels, ni collections d'études, ni encouragements de toute sorte : alors la sève bourguignonne montera, féconde. Le réveil de l'esprit provincial parmi nous ne peut avoir de lendemain que s'il s'adapte aux conditions générales de notre civilisation française à laquelle l'unité nationale préside. La sculpture bourguignonne doit consentir à n'être qu'un aspect de la sculpture française : à ce prix, elle donnera de nouveau sa mesure, et, — sans affectation d'originalité artificielle, sans limitation excessive de ses moyens ni de ses sources d'inspiration, — elle sera demain, suivant la seule formule que comporte notre temps, le plus profondément et le plus véritablement bourguignonne.

M. Lucien Febvre, titulaire du cours d'histoire et d'art bourguignon à la Faculté des lettres de Dijon, enveloppe son scepticisme d'humour :

Comment répondre en quelques lignes aux questions si délicates et si complexes que soulève votre lettre ? Pour les poser — je ne dis pas pour les résoudre — c'est un livre, tout un livre qu'il faudrait. Et quel livre ! Nul ne saurait l'improviser.

Soyons modestes ! En deux mots, je noterai simplement ceci : vous parlez de reconstituer un atelier de sculpture « pour rendre à notre génie local son caractère, son originalité, son unité ». Bien. Mais est-il vrai que le génie bourguignon ait perdu son caractère, son originalité, son unité ?

Si oui, rien à faire. La cause est entendue. On ne met pas de sinapismes aux cadavres. Allons promener nos pas mélancoliques dans les musées; prenons le deuil; gémissons et résignons-nous. Du néant, le pédagogue le plus subtil, le Mécène le mieux avisé ne feront rien surgir jamais.

Si non — je veux dire si les œuvres très diverses de nos modernes

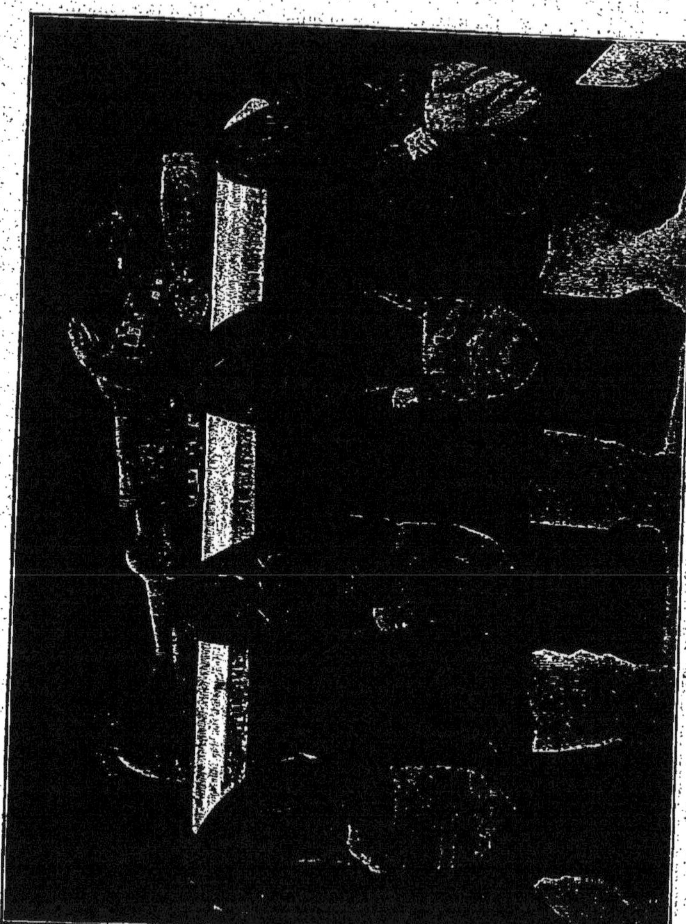

Cl. Plon-Nourrit

INCONNU
Tombeau de Philippe Pot

sculpteurs bourguignons s'apparentent encore entre elles, malgré leur diversité ; si, à de certains traits, à de certains caractères nous les reconnaissons « bien bourguignons » — que souhaiter de plus, je vous prie ?

Que tous ces sculpteurs viennent vivre en Bourgogne ? Chimère puérile, au siècle des chemins de fer, des autos... et du reste. Qu'ils travaillent pour la Bourgogne et la peuplent d'œuvres savoureuses ? Il ne tient qu'à nous. Qu'ils créent une école, enfin ? Mais qu'entendre par là ?

Dans votre lettre, un mot me frappe : celui d'unité. Mot bien gros, bien dangereux, inquiétant à vrai dire. « Rendre au génie bourguignon son unité »...

Évidemment, vous ne vous satisferez pas d'une collection d'œuvres disparates, même dues au ciseau d'artistes bourguignons. Serait-ce donc d'un style que nous serions en quête ?

Souffrez, dans ce cas, que je me dérobe. « Créer un style ; refaire un style ; retrouver un style... » Voilà trente ans que nos bavards professionnels nous remplissent les oreilles de ces formules creuses. Voilà trente ans que l'enquête se prolonge. Ces grenouilles veulent un style. Dignes frères des bonnes gens qui, ayant perdu leur morale, en vont chercher alternativement dans les alcôves des filles et, sur la route de Chiusi, par les cloîtres du Monte Oliveto Maggiore. Mais qui trouvera le style du siècle ? Si l'on s'adressait aux sourciers, qui sait ?

Non, reconstituer au xxᵉ siècle une école bourguignonne de sculpture telle qu'elle exista au xivᵉ et au xvᵉ siècles avec Jean de Marville, Claus Sluter, Claus de Werve, Jean de la Huerta, Antoine le Moiturier — dont aucun, entre parenthèses, n'était bourguignon d'origine ou de formation — c'est une chimère.

Il faudrait d'abord refaire, simplement, la société même des xivᵉ et xvᵉ siècles et toutes ses conditions d'existence, politiques, religieuses, sociales, économiques, géographiques.

Et puis, ceci fait, trouver, pour prendre la tête de l'école nouvelle, un Sluter. Rien de plus — mais rien de moins.

Non. Je le redis encore : soyons modestes. Que la Bourgogne soit une terre de sculpteurs, tout son passé l'atteste. Que sa vieille

sève soit tarie, tout son présent le dément. Ayons donc confiance —
mais confiance dans la vie, et non dans je ne sais quels procédés
empiriques.

Aux jeunes Bourguignons qu'une vocation travaille, offrons des
facilités matérielles, l'argent, des appuis moraux, un solide enseignement préparatoire, l'exil profitable d'une école bien organisée —
sans que ses dirigeants rêvent ce rêve impossible et dangereux : créer
chez leurs élèves une unité de style — leur apprenne simplement à
regarder les choses sans parti-pris et à les rendre en toute probité,
sans tricherie, comme ils les ont senties : y a-t-il peu, y a t-il beaucoup à faire dans cet ordre, non d'idées mais de faits ? Je suis trop
nouveau dijonnais pour le savoir — et il ne m'appartiendrait pas de
le dire. Mais ne cherchons pas à aller plus loin.

Pour refaire l'unité dont vous parlez, sur quoi compter ? Sur
l'action du milieu provincial ? Hélas, l'âme bourguignonne, est-elle
toujours vivante ? — Sur la mystérieuse vertu héréditaire d'un sang
toujours chaud, toujours jeune ? J'y crois, j'y ai foi ; mais que pou-
vons-nous pour hâter, pour faciliter des floraisons de génies ? — Sur
l'influence d'un maître prestigieux ? De ses élèves médiocres, il fera
de médiocres singes ; des autres... Devosge a eu beaucoup d'élèves,
beaucoup. Parmi eux, un seul Rude et un seul Prudhon, si différents
l'un de l'autre, plus différents des autres : heureusement !

Non, non, des idées fausses nous mènent tous. Une civilisation
toute industrielle et la diffusion, le triomphe du machinisme nous
donnent la hantise du « temps perdu ». Nous voulons mâcher la beso-
gne aux débutants ; leur éviter les tâtonnements, les indécisions, les
former aussi rapidement que possible, les mettre l'outil en main, puis
leur dire : allez ! — Quelle absurdité !

Un grand transatlantique n'a pas de temps à perdre : toute heure
perdue, c'est un manque à gagner. Un haut fourneau ne peut s'étein-
dre. Une machine doit rendre, le plus, le mieux possible. Mais un
artiste n'est pas une machine. Il ne vit pas sa vie quotidienne ; il la
fait, il doit la faire. Rude, songeant à ses débuts académiques, disait,
paraît-il : « J'ai perdu sept ans de ma vie. » Illusion. Rude se trom-
pait. Il s'était cherché pendant sept années. Et c'étaient les sept

années fécondes ; celles qui devaient décider de tout. Il s'était cherché : la preuve, c'est qu'au bout de ce glorieux septuénat, il était trouvé... Sept ans, pour, d'un bon élève de Devosge, devenir François Rude, est-ce trop?

Je voulais écrire deux lignes et voilà huit pages. C'est la faute du sujet. Mais je m'arrête : recherchons, soutenons, encourageons nos futurs et nos jeunes sculpteurs.

Donnons-leur de bons principes et de saines habitudes de travail. Faisons-les honnêtes. Cela nous le pouvons. Il y a un dressage de l'honnêteté, de la probité artistique, comme de l'honnêteté, de la probité historique. Mais c'est tout. Pas de recettes pour faire la *Marseillaise* de l'arc de triomphe. Il n'y faut qu'une longue patience — et du génie.

Eh oui, un style bourguignon, avouons-le très humblement, était un peu l'objet de nos préoccupations. D'ailleurs, atelier dit école et école implique style. A quoi se reconnaît une école ? Aux caractères propres que ses œuvres renferment, à ce lien qui forme l'unité dont s'étonne M. Febvre. Puisqu'il y a race, qu'il y a unité chez les individus, pourquoi n'y aurait-il pas unité dans les œuvres ? Car il y a incontestablement une race bourguignonne, qui, concédons-le, s'amoindrit chaque jour, se fond dans la grande race française, perd ses qualités originales pour gagner en banalité ; M. Chabeuf nous en a, plus haut, analysé les particularités ; il a évoqué discrètement les théories de Taine sur le milieu, théories dont on pourrait rapprocher ces lignes de Richard Wagner :

« Ce n'est pas le climat, mais l'homme, unique créateur de l'Art, que nous avons à considérer pour reconnaître exactement ce qui a rendu ces Européens d'aujourd'hui incapables d'art, et nous reconnaîtrons avec une entière certitude, que c'est la civilisation, indifférente à tout climat qui possède cette influence mauvaise... (1) »

A notre climat, pourquoi ne pas continuer de prendre notre caractère ; et puisqu'il nous offre un point d'appui solide pour faire de notre art un art local, pourquoi ne pas rester fidèles à ce climat, retremper

(1) Rich. Wagner, *Art et Climat*, 1850 (Cf. *Revue Bleue*, 5 Av. 1913).

notre race et retrouver le langage artistique y correspondant ? Ce serait notre style. Est-ce donc si fou ?

M. Armand Dayot, inspecteur des Beaux-Arts, l'infatigable directeur de l'Art et les Artistes, *sceptique lui aussi, nous ouvre des horizons :*

Après de multiples efforts personnels, et quelques tentatives collectives, je demeure persuadé que rien ne peut être fait de sérieux et de durable dans le domaine de la décentralisation artistique dans notre pays, tant que la grave question de la décentralisation administrative d'où dépend la grandeur et l'existence morale de la France n'aura pas été définitivement tranchée.

Qu'on nous rende nos provinces avec leurs parlements régionaux (merveilleuses sources de recrutement pour le grand parlement national) et aussitôt la vie reprendra ardente, puissante, passionnée, sous toutes ses formes les plus originales, dans ce grand pays qui se meurt d'une centralisation excessive dans la camisole de force de la bureaucratie.

P. S. — La campagne en faveur de la réforme électorale devrait être immédiatement suivie d'un mouvement général de l'opinion pour la réforme administrative... Puis, les provinces reconstituées, les écoles d'art y fleuriraient tout naturellement et celle de Bourgogne la première, car sa bonne sève n'est pas morte.

Attendre que la réforme administrative soit faite, opinion que nous rencontrerons plus loin encore, offre ceci d'intéressant qu'elle pose l'idée de l'école provinciale sur le fait du rétablissement approximatif des provinces anciennes. Sous cet angle, la reconstitution prend son aspect le plus précis. La réforme administrative, suivant la réforme électorale, c'est l'état des choses actuel bien modifié ; mais si la seconde réforme emprunte au passé, elle ne le rétablit pourtant pas. Elle y emprunte, ce qui constitue, en somme, la condition sociale la plus favorable qu'il nous soit permis d'espérer.

M. Frantz Jourdain, président des Indépendants, — qui pourtant croyons-nous, fait partie du club des « optimistes » — n'augure rien de bon de l'idée qui nous occupe et il met quelque âpreté à nous enlever toute illusion.

Cl. Dijon et la Côte-d'Or en 1911.

INCONNU
Vierge du Trumeau de Notre-Dame, à Dijon.

Votre idée me semble aussi intelligente que généreuse, mais hélas ! — excusez mon scepticisme — je la crois irréalisable. L'esprit académique a anéanti les traditions régionales, et cette centralisation imbécile a supprimé l'indépendance et l'individualisme. Actuellement un artiste de Marseille ou de Lille doit parler la même langue, posséder la même vision, réciter le même catéchisme. L'école des Beaux-Arts a tout nivelé et tout émasculé, car, pour obtenir un encouragement quelconque, bourse de voyage, prix de Rome, médaille, subvention ou commande officielle, il faut museler son tempérament et faire des dévotions dans la chappelle où officient les Messieurs en habit vert. La province ne cherche d'ailleurs nullement à réagir contre cette tyrannie. A Dijon — et ailleurs — dès qu'il y a un concours, c'est à Paris, et à l'Institut bien entendu, qu'on vient chercher humblement des jurés qui appliquent implacablement leur unique et immuable formule. Dans de telles conditions comment voulez-vous ressusciter Claus Sluter ? Il n'obtiendrait pas une voix, et le prix serait toujours donné à M. Puech.

Je ne trouve, je l'avoue, aucun lien cérébral entre Guillaume et Jean de Marville, entre Mathurin Moreau et Rude qui n'entra jamais dans la maison qui n'est pas au coin du quai. Bouchard est certes un prodigieux et puissant artiste, mais, entre nous, je crois qu'il doit plus à Constantin Meunier qu'au Tombeau des ducs de Bourgogne.

Et puis la rapidité des voyages, le prestige de Paris, le mélange constant des races ont contribué à effacer la caractéristique d'une province, d'une région, d'une ville et je crains que nous ne voyions jamais renaître l'art régionaliste.

Et voici l'opinion « école des Beaux-Arts ».
M. Injalbert, de l'Institut, la présente avec force et courage.

Les milieux n'étant plus les mêmes, la possibilité de vivre des écoles provinciales ne serait plus possible.

S'il y a eu en Bourgogne, au xv° siècle, une école, c'est qu'il y avait les États de Bourgogne pour l'alimenter, comme il y eut, plus tard, les États du Languedoc pour alimenter tout ce qui s'est fait de beau à Montpellier.

Ces États ayant été supprimés, plus rien n'y a été fait.

Et s'il y a en France un art de la statuaire florissant, c'est que le grand État de France s'en charge pour les propres besoins de luxe de sa capitale, laquelle rayonne même au delà des frontières :

Partout ailleurs, un sculpteur statuaire, en France, ne peut pas vivre, encore moins une école. Où trouverait-elle à s'alimenter ? Les grands seigneurs d'autrefois qui avaient des moyens, et par éducation des fantaisies, ont disparu.

Et s'il en reste encore, l'art de la statuaire est le moindre de leurs soucis.

La Statuaire est donc un art d'État : rien que d'État ; à quelqu'exception près. Et vouloir caresser la pensée de faire revivre une école bourguignonne de sculpture, ou de toute autre région, peu importe, c'est vouloir, par le temps qui court, ressusciter un mort.

Quant à compter sur les démocraties régionales pour mettre en évidence les besoins d'art régionaux ; c'est avoir beaucoup d'illusions sur leur compte.

Pour ceux qui ne se paient pas de mots, ce besoin d'art dans nos provinces est absolument nul.

Voilà mon avis, et je vous prie de croire qu'il est sincère.

J'y joins mes salutations anti-décentralisatrices, pour le présent.

La Sculpture, art d'État ! Au fait, ce qui paraît une boutade renferme plus qu'une vérité apparente. L'État, au XVe siècle, c'était aussi bien — et même mieux — les ducs de Bourgogne que les rois de France... La Sculpture, art d'État ! la formule est troublante...

M. Bartholomé a d'autres raisons pour douter de la renaissance des écoles provinciales.

D'autres réponses vous sont déjà parvenues, certainement, et je les voudrais moins désenchantées que la mienne. J'ai la conviction qu'il ne faut pas actuellement espérer voir se reconstituer les écoles d'art provinciales.

Votre admirable Bourgogne plus qu'aucune autre province aurait par son merveilleux passé des droits à ce renouveau. Mais toutes les forces artistiques du pays se dirigent vers Paris, à Paris les groupements artistiques plus ou moins motivés se multiplient chaque jour avec une rapidité déconcertante et regrettable, je crois.

Chaque corporation, aussi éloignée qu'elle puisse paraître des questions d'art, a sa société artistique, chaque quartier, chaque rue bientôt aura sa société des amis des arts, et les provinciaux, s'ils se réunissent pour des raisons d'art ne sont plus de leur province, mais ils sont les Bretons de Paris, les Champenois de Paris, etc.

Quant aux amateurs ils ont envahi toutes les sociétés, ils ont même toutes les chances. Ne peuvent-ils pas être à la fois d'une corporation, d'une province, d'un quartier et du (monde).

Tout cela nous éloigne considérablement des groupements provinciaux, des écoles provinciales, et je ne crois pas à leur renaissance pour le moment du moins.

Un autre sculpteur, un Bourguignon, M. J. Dampt, se plaint que les provinces ne demandent pas plus au talent de leurs artistes :

Je ne crois pas à la possibilité de reconstituer une école bourguignonne. D'abord parce que les artistes de notre temps sont des personnalités indépendantes et rebelles à toute tradition comme à toute direction. Et qu'ensuite il faudrait faire renaître les Ducs de Bourgogne avec leur magnificence et leur entourage et l'ambiance de l'époque. Ce que Dieu lui-même ne pourrait faire ; car il ne peut changer le cours de l'évolution humaine et la faire rétrogresser.

La seule chose qui serait possible et à laquelle personne ne songe, serait simplement, nous servant des éléments que vous avez comme artistes, de leur donner les moyens de réaliser dans leur pays, la Bourgogne, des œuvres d'art d'un idéal noble et élevé, je veux dire au-dessus des pauvres mesquineries politiques modernes qui ne sont que passagères, dans des conditions financières assez honorables pour qu'ils puissent y consacrer leur temps et leur talent (exemple Toulouse).

Voilà, mon cher compatriote, ce que je pense en quelques mots.

Quant à la technique de Rude elle n'a rien à faire avec l'art gothique, croyez-moi !

*Et puisque nous avons donné l'avis d'un sculpteur bourguignon,
pourquoi ne pas donner aussitôt la réponse des autres et les grouper ?
Encore que chacune comporte des aperçus empreints d'originalité et de
franchise, leur réunion ne laisse pas que d'être impressionnante par le
scepticisme irrémédiable qui s'en dégage.*

M. Henri Bouchard :

Excusez-moi de répondre un peu hâtivement aux questions si inté-
ressantes que vous m'avez posées. Malgré tout l'intérêt que comporte
le projet de décentralisation, pour ou contre lequel on doit se pro-
noncer, j'ai en ce moment de tels travaux qu'il m'est difficile de consacrer à cette réponse le temps qu'elle mériterait.

Pour plus de clarté j'intervertirai l'ordre des réponses et je vous
dirai tout de suite que la reconstitution d'une école bourguignonne serait
vraiment très utile. A part quelques exceptions l'art français se meurt
de banalité ; les expositions internationales en sont la démonstration.

Si les anciennes grandes provinces pouvaient reconstituer des
centres artistiques ce serait le salut.

Malheureusement cette reconstitution est impossible ; les artistes
provinciaux ne trouvant plus chez eux les occasions de travaux ni les
encouragements nécessaires. Les administrateurs des départements
ou des grandes villes ne disposent pas des crédits suffisants pour faire
exécuter de belles œuvres d'art. Les Mécènes ne sont, d'autre part,
que trop insuffisamment avertis pour demander avec toute la clair-
voyance nécessaire à des artistes de réelle valeur la réalisation de
leurs projets. Tant que ces deux puissances n'auront pas un rôle plus
effectif la reconstitution d'une école provinciale est impossible.

En terminant permettez-moi, Monsieur, de protester discrètement contre le rôle que vous attribuez à nos maîtres imagiers bourguignons du xvᵉ siècle. Jean de Marville, Claus Sluter, Claus de
Werve n'ont pas à mon avis préparé l'art de la Renaissance. Ces
merveilleux artistes (qui d'ailleurs nous venaient du Nord, mais qui
avaient acquis chez nous toute leur maîtrise) avaient un goût très
opposé à celui de la Renaissance qui nous est venue d'Italie, il faut le
reconnaître. Le goût français a été étouffé chez nous par le goût

italien, il l'est encore, hélas ! — Un merveilleux sculpteur, F. Rude, a été lui bien indépendant et il est parfois retourné d'instinct aux vieilles traditions bourguignonnes (le monument de Fixin, le Cavaignac du cimetière Montmartre). Mais ce n'est que tardivement que Dijon s'est honoré en le glorifiant d'une statue (et quelle statue !) et en faisant de ses œuvres un musée d'ailleurs très bien organisé et aussi complet qu'il est possible ; mais n'oublions pas que pendant de longues années le Dijonnais Jouffroy, l'artiste officiel et banal, a trouvé à Dijon un bien meilleur accueil.

Espérons cependant ; une enquête comme celle dont vous avez pris l'initiative ne peut qu'être très utile à cette voie de reconstitution.

M. Paul Gasq :

A votre demande s'il est possible de reconstituer en ce siècle une École bourguignonne telle qu'elle existait au xv⁵ siècle je répondrai, quoique personnellement je le regrette, qu'il n'est pas possible, étant donné la centralisation de plus en plus accentuée dans une seule capitale presque mondiale telle qu'est Paris, de recréer les provinces autonomes ayant leur vie propre et leur caractère tel qu'à la belle époque dont vous parlez. Du moins, moi, je n'en vois pas les moyens, ou plutôt les moyens ne sont pas applicables à notre époque.

Il faudrait pour cela que les artistes en possession d'une certaine éducation artistique, de même que les savants, les littérateurs, les poètes, etc. reviennent tous dans la province bourguignonne pour y reformer un ensemble tel qu'il existait au xv⁵ siècle ; mais vous le voyez, ce moyen très simple, mais très compliqué aussi pour notre époque, n'est plus possible parce que en même temps que ces artistes et littérateurs, etc, reviendraient, la Municipalité de la capitale bourguignonne, de même que les Mécènes et les fortunes bourguignonnes, devraient pouvoir fournir les moyens de travail suffisants à tous ces artistes et je crois qu'il serait difficile d'en arriver là. Au temps des ducs de Bourgogne les artistes travaillaient et n'avaient pas à s'occuper d'un côté matériel qui leur était fourni par les ducs.

Tout cela vous le savez et le direz mieux que moi, mais si d'autres que moi trouvaient un moyen pratique j'y applaudirais des deux mains.

M. Roger de Villiers :

Je suis trop partisan de la décentralisation artistique pour me désintéresser d'une semblable question.

Malheureusement je n'entrevois guère la possibilité de remédier à l'état de choses actuel ; il suffit du reste de comparer la situation des sculpteurs du xve siècle à celle qui est faite en province aux artistes modernes ponr comprendre les difficultés que l'on éprouverait à reconstituer à notre époque un « atelier » bourguignon. ·

Si les ducs de Bourgogne ont su grouper autour d'eux d'admirables artistes, c'est qu'ils leur ont donné *la possibilité de produire,* ne ménageant ni les encouragements, ni les subsides sans lesquels, hélas, il est impossible de réaliser quoi que ce soit.

Or les artistes modernes qui voudraient se consacrer plus exclusivement à la « petite Patrie » trouveront-ils auprès de leurs concitoyens les encouragements que ne peuvent matériellement leur donner les autorités locales ?

Toute la question est là et comme je vous le disais plus haut, je crains bien que malgré toutes les bonnes volontés — dont le concours ne saurait faire défaut — il soit difficile de découvrir une solution.

M. Boutellier, excellent sculpteur, lui aussi, est, de plus, le dévoué directeur de l'école des Beaux-Arts de Dijon :

Avec notre organisation sociale actuelle, dit-il, les facilités de déplacement, que nous possédons, l'échange facile des idées, les développements exagérés du sens pratique de la vie, il me paraît difficile d'admettre la possibilité et l'utilité dans (le sens artistique du mot) de reconstituer à notre époque une École bourguignonne de sculpture telle qu'elle existait au xve siècle. A mon avis, afin qu'il y ait, ou qu'il puisse y avoir reconstitution, il faudrait que les provinces eussent conservé le goût des arts qu'elles possédaient autrefois et les grands seigneurs qui y passaient leur vie, lesquels appelaient et retenaient les artistes par leur magnificence. Il faut, cher Monsieur, en prendre son parti. Aujourd'hui les gens riches, amateurs d'art, possèdent hôtel à Paris et pied à terre en province ; ainsi s'explique l'exode des artistes vers la capitale et la décadence des ateliers d'art provinciaux.

Restons toujours parmi les Bourguignons et écoutons les très érudits critiques d'art que sont MM. Clément-Janin et Jean Chantavoine :

Votre question ardue est terriblement complexe ! *écrit le sympathique conservateur des estampes modernes à la Bibliothèque d'Art et d'Archéologie.* Pour y répondre, il faudrait tout un volume, un tempérament d'historien et la compétence générale d'un André Michel, ou d'un Émile Mâle, à tout le moins celle, plus régionalisée, de feu notre compatriote Bernard Prost. Or, je n'ai qu'une feuille de papier — et mon innocence ! Jugez de mon désarroi.

Essayons cependant.

Vous demandez si la reconstitution d'une école de sculpture bourguignonne, telle qu'elle existait à Dijon, au cours du xv° siècle, serait utile. Assurément. Tout ce qui coordonne et discipline, tout ce qui procure une méthode, est utile. L'originalité même, cette fameuse originalité vers laquelle chaque artiste contemporain tend des bras suppliants, n'y perd rien, au contraire. La grammaire n'a jamais empêché un génie littéraire de se manifester, et il en est de même de cette grammaire de l'art qui consiste à recueillir les bonnes traditions, à les appliquer et au besoin à les violer — mais en toute connaissance de cause.

INCONNU
Vierge de Flavigny-sur-Ozerain.

Cette reconstitution serait-elle possible ? A l'heure actuelle, non !
Pour qu'un art prospère, il lui faut des débouchés. Un art local suppose un débouché local, car on ne voit pas bien l'atelier dijonnais, —
surtout un atelier de sculpture ! — fournissant le Périgord, la Marche ou
la Bretagne, provinces qui elles aussi (théoriquement) devraient avoir
leur atelier. Or quel financier, quel industriel, ou quelle association
d'intérêts matériels ou moraux, alimenterait cette école ? Outre que
l'on préfère acheter une auto qu'une statue, épater son voisin par les
signes extérieurs et renouvelés de la richesse, pour parler comme un
économiste, et non se livrer aux jouissances intimes de l'art, ceux qui
sont capables d'acquérir du marbre ou du bronze s'adresseront à
Paris et non à Dijon, — surtout s'ils habitent Dijon. Pourquoi ? Parce
que Paris a un rayonnement, parce que Paris offre plus de choix
(les grands magasins se mettent à vendre des objets d'art), parce que
nul n'est prophète en son pays, parce que l'artiste local n'a pas la
moindre chance de donner lieu à un *cours*, lequel ne peut s'établir,
par ce vol éhonté, qu'on nomme la *révision*, qu'à Paris, parce qu'enfin
tout ce qui a quelque valeur est *pompé* par Paris, et que Gasq, Bouchard,
Dampt, Piron, Dubret, Jeanniot, etc. ont lâché les bords de l'Ouche
pour ceux de la Seine, exode qui ne se serait pas produit si les conditions économiques avaient été les mêmes ici et là, et si la ration de
gloire que tout artiste réclame avait été aussi certaine et d'identique
qualité dans les deux régions.

Ah ! si vous me présentiez sur un plateau, entourée de fleurs, la
demi-douzaine d'amateurs bien décidés à être des amateurs bourguignons, — oui, peut-être, auriez-vous quelque chance de donner une vie
momentanée au centre artistique provincial que vous rêvez ! Ou, encore,
s'il se rencontrait un artiste qui fît pour Dijon ce que Gallé fît pour
Nancy, c'est-à-dire qui fût le foyer ardent, autour duquel se groupèrent
d'autres artistes, il serait possible que votre institution naquît et pros-
pérât. Il en serait également de même, s'il se trouvait un homme
pour employer sa richesse à reconstituer la cellule d'art bourguignon,
avec l'inépuisable générosité et la haute intelligence qu'a mise
M. Jacques Doucet à créer, à Paris, sa Bibliothèque d'art et d'archéologie, mais trouverait-on un second Jacques Doucet ?

Donc, approbation de l'idée, scepticisme quant à sa possibilité de réalisation, telle est, mon cher Confrère, ma conclusion.

M. Jean Chantavoine ironise :

Le jour où le Préfet de la Côte-d'Or, avec le conseil général du

INCONNU
Vierge du Musée de Cluny
Cl. Plon-Nourrit

département, auront le pouvoir, les ressources, l'initiative et le goût qui permirent aux ducs de Bourgogne de construire et d'orner des édifices comme la chartreuse de Champmol, nous verrons renaître une école bourguignonne de sculpture.

Jusque-là, il pourra y avoir, j'espère et je crois qu'il y aura toujours d'excellents ou même de grands sculpteurs qui naîtront en Bourgogne ; mais Paris les appellera et les retiendra ; de plus ils travailleront isolément et il n'y aura pas à proprement parler « d'école bourguignonne ». Les moyens que l'on peut concevoir pour remédier à ce fâcheux état de choses me semblent appartenir au domaine du rêve et de la chimère...

Avec M. Louis Poinssot, directeur des antiquités et arts du protectorat tunisien, l'incrédulité atteint son paroxysme :

J'avoue, dit-il, être tout à fait sceptique en ce qui concerne les possibilités d'une résurrection de l'école bourguignonne. Pour ressusciter, il faut avoir été, et malgré les beaux plaidoyers entendus sur ce sujet je suis de ces « mauvais bourguignons » qui — dignes d'être traités de « sans patrie » — ne croient en aucune manière à une école

bourguignonne du xvᵉ siècle. Il ne me déplaît pas d'entendre appeler la draperie slutérienne, draperie bourguignonne, mais je crois bien que chez moi et chez quelques autres le vocable bourguignon n'évoque guère plus l'idée de la Bourgogne et de son influence que le mot gothique ne nous fait songer aux Goths.

Le sujet mériterait du reste de longs développements et je félicite la *Revue de Bourgogne* de l'avoir mis à l'ordre du jour. Les travaux que je dirige ici ne me laissent pas un instant et c'est ce qui m'excuse de répondre si sèchement à votre questionnaire.

Vierge de la rue Porte-aux-Lions, Dijen (Louvre)

Ne considérez cette lettre que comme un bulletin de vote. Je vote « contre ».

Nous n'en avons pas encore fini cependant avec les hochements de tête dubitatifs !

M. Henry Lapauze, le savant directeur du musée du Petit Palais émet quelques sévérités.

Reconstituer une école bourguignonne de sculpture telle qu'elle exista dans le passé, ce n'est, hélas! ni de vous ni de moi que cela dépend.

Cela dépend exclusivement des sculpteurs d'origine bourguignonne ; la liste même que vous dressez indique clairement que nous sommes loin de votre rêve. Cette liste comprend des noms d'artistes d'une superbe originalité. Je ne veux contrister personne mais, si vous analysez vous-même cette liste vous aurez vite démêlé qu'il ne s'y rencontre pas des Claus Sluter à la douzaine.

Et puis voyez-vous, au xve siècle les artistes vivaient chez eux, travaillaient chez eux, et mettaient leur fierté à enrichir de chefs-d'œuvre leur province natale avant d'en enrichir les autres provinces. Aujourd'hui, bons ou mauvais, médiocres ou pires, nos artistes ou se croyant tels, se hâtent de quitter la province natale dès lors qu'ils s'imaginent qu'ils savent quelque chose, et les trois quarts du temps ils meurent sans s'être aperçus que arrivés au terme de leur vie, ils ne savaient rien.

Vous habitez un pays merveilleux, d'une nature généreuse et magnifique. Sur votre sol se dressent de hauts exemples d'art. Votre musée de Dijon est un des plus beaux des France. Il me semble qu'il y a là tous les éléments nécessaires pour enfanter de grands artistes.

A vous, Bourguignons, amis des arts, de faire le reste.

M. Rémy de Gourmont estime qu'on ne doit point remettre les pas dans les pas des ancêtres mais sa conclusion est assez imprévue :

Je n'ai point d'avis motivé sur la question, mais je crois que le passé n'est pas un exemple très solide. Les traditions ont commencé par être des nouveautés et rien ne s'oppose à ce qu'une nouveauté, fût-elle la plus extravagante, ne devienne une tradition. Donc, faire toujours ce qui semble le plus agréable, le plus utile ou le plus sensé.

Pour être une œuvre relativement urgente, la renaissance d'un style bourguignon n'est pas pour cela une œuvre qui se puisse réaliser sur le champ. Personne ne le peut croire. Penser obtenir ce résultat avec les statuaires contemporains serait chimérique. Tout au plus arriverait-on à changer leur condition de production. Où l'on pourrait agir, c'est seulement sur les générations à venir. Mais comment prendre ces générations; à quel moment ? C'est à quoi M. Léon Riotor, l'infatigable secrétaire de l'« Art à l'École » a songé dans sa réponse. Il dit :

Ai-je besoin d'avouer que je suis pour la décentralisation de l'art à tous les degrés, absolue, complète. Notre art, congestionné, aboutit à un enseignement didactique sans chaleur et sans audace. N'est-ce pas suffisant pour le condamner ? Les sources de l'art résident dans le décor terrestre et dans l'humanité. N'est-ce pas convenir que l'art régional ou ethnique est le seul créateur dont nous puissions espérer un renouveau ?

Quant à vos questions : Est-il possible de reconstituer au xxᵉ siècle une école bourguignonne de sculpture telle qu'elle exista au xvᵉ siècle avec Claus Sluter... ? Je vous demanderai d'abord quels sont vos hommes ? L'inspiration locale ne suffit pas si la « race » ne fournit pas, et depuis longtemps la dite race, « pompée » par le grand suçoir qu'est Paris, ne recèle nul Claus Sluter. Ce ne sont pas, je le crains, les sculpteurs modernes d'origine bourguignonne que vous citez qui ressusciteront Rude.

La reconstitution d'une telle école bourguignonne ne sera utile, elle ne sera possible que si vous prenez vos élèves sur les bancs de l'école publique, que si vous les dirigez vers le goût en même temps que vers la science, si vous leur donnez l'amour des gloires passées en même temps que la joie des beautés qui constituent le décor local.

C'est à quoi nous avons voulu tendre, partout, dans toutes les provinces, mes amis et moi, en créant la formule et l'œuvre de *l'Art à l'École*, en conseillant le passage, sans exode vers un Paris trompeur, des tables de l'école aux établis de l'atelier d'art.

M. Guillaume Apollinaire était un critique au tempérament trop curieux pour qu'il pût être oublié dans une enquête de ce genre. Sympathique à toutes les tentatives même les plus incomprises; favorable aux tendances parfois inquiétantes des jeunes ; toujours généreux pour quiconque donne un effort d'art, M. Guillaume Apollinaire ne réprouve pas l'intention que nous lui avons soumise, mais....

Je crois qu'on ne peut parler d'une école que si elle existe et non de ce qu'elle pourrait être si elle existait. Créez le mouvement régionaliste dont vous me parlez et il sera alors possible de le comparer à celui des Flamands-Espagnols, Hollandais et Bourguignons que j'admire avec vous.

M. Guillaume Apollinaire a tenu à rappeler — et il a eu grand raison — la parenté de l'école bourguignonne avec l'école flamande. Elle est tout à l'honneur de notre province. N'a-t-elle pas permis, certain jour, à M. Henry Roujon d'écrire : « Rubens est l'héritier, à peine assagi, des splendeurs et des prodigalités bourguignonnes ; sa rhétorique est celle des « rhétoriqueurs » et sa technique impeccable est celle des tisserands ses ancêtres. La Bourgogne des Philippe le Bon et des Charles le Téméraire... revit sous son pinceau ; elle inspirera ses élèves ou ses successeurs, Jordaens, Téniers. » C'est en raison de cette parenté qu'un flamand, M. Louis Maeterlinck, conservateur du musée de Gand, a été pressenti.

Il faudrait être sur place, estime-t-il, pour répondre à vos questions. Il me paraît cependant que les circonstances qui ont amené la brillante floraison de l'École de Bourgogne n'existent plus maintenant et qu'elles ne sont pas près de revenir.

Avec M. Pierre Marcel, professeur d'histoire de l'art à l'École des Beaux-Arts, commencent les paroles d'espoir.

Je ne crois pas qu'on reconstitue plus une école artistique qu'une organisation politique. Croyez-vous qu'on puisse recréer au XXe siècle le royaume de Charles le Téméraire ? Il a fallu, pour faire prospérer l'art en Bourgogne au XVe siècle, un ensemble de circonstances qu'aucune volonté ne peut faire naître et que l'existence d'artistes isolés, si remarquables soient-ils, ne suffit pas à provoquer.

Il est possible que la Bourgogne connaisse dans l'avenir une

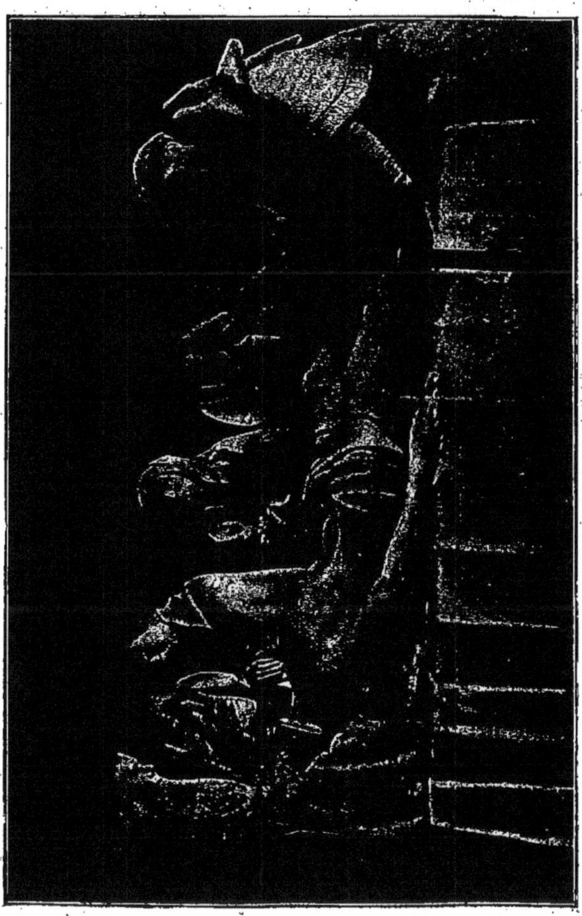

Cl. Pion-Nourrit.

JEAN MICHEL ET GEORGES DE LA SONNETTE
La mise au tombeau de l'Hôpital de Tonnerre (XVe siècle)

nouvelle période de grande prospérité artistique, mais nous ne pouvons prévoir les circonstances qui la détermineront. Elle sera, en tous cas, très différente de la première.

J'ajoute que notre part dans sa naissance sera très modeste. Nous en favoriserons seulement l'éclosion en entretenant chez les jeunes gens qui se destinent aux arts une culture technique, et chez le public une culture générale aussi développée que possible. C'est l'œuvre à laquelle s'emploie la *Revue de Bourgogne*, je l'en félicite.

M. Albert Joliet, conservateur du musée de Dijon, actuellement en voyage, nous fait répondre par son frère, M. Gaston Joliet, préfet honoraire, amateur d'art distingué :

L'école de sculpture bourguignonne existe ; elle est même remarquablement forte et vivace. La preuve en est dans les œuvres de Gasq, Bouchard, Piron, Auban, Dampt, ainsi que des Moreau, qui ont vécu dans le milieu dijonnais, et en ont gardé l'empreinte.

Tel n'est pas l'avis de M. Henry Marcel, Directeur des Musées du Louvre, qui nous apporte son précieux encouragement :

Je pense que l'histoire ne se répète pas, que l'art a ses migrations comme l'espèce humaine, et que, du moins, pour qu'une école puissante et originale se reformât sur les lieux mêmes où elle a jadis fleuri, il faudrait que les conditions de culture et d'émulation y fussent les mêmes, que la *commande*, pour employer un mot qui tend à faire fortune, y offrît les mêmes caractères d'esprit de suite, d'abondance et de générosité. Il y avait à Dijon, au xv° siècle, une cour brillante, autour d'un monarque omnipotent, ayant le goût très prononcé du luxe et de l'art ; cette bonne fortune se continua durant plus d'un siècle (de 1361 à 1477), pendant lequel la maison de Bourgogne rivalisa avec la couronne de splendeur et de libéralité, au point de l'éclipser souvent. N'oublions pas, d'autre part, que ses possessions florissantes lui assuraient le plus riche recrutement en artistes et qu'elle bénéficiait ainsi du contact et de l'éducation de deux races rivales. Quelle est celle de ces conditions qui se rencontre aujourd'hui dans

l'ancienne province ? Une seule, l'abondance de statuaires et de mé-
dailleurs nés sur place. Mais la naissance importe peu, dans un milieu où aucune condition particulière n'influence et n'active le développement des aptitudes natives. Dijon offre des monuments splen-
dides et une école de dessin bien conduite ; ce n'est pas assez ; la
production artistique y manque de *consommateurs ;* aussi aucun, je
crois, des artistes cités à la fin de votre lettre n'y vit à demeure, n'y
exerce sa profession. Tous habitent Paris, où la centralisation moderne
a ramassé les encouragements et les commandes, et cet état de choses

La Mise au tombeau de Notre-Dame, à Semur (xve siècle)

ne cesserait qu'au prix d'une décentralisation, entendue dans le plus
large sens du mot, qui reconstituerait en Bourgogne quelque chose de
l'ancienne floraison que vous regrettez. Y a-t-il quelque espérance que
nous voyions ce renouveau ? Cela n'est pas impossible ; Lyon a eu,
durant presque tout le xixe siècle, une florissante école de peinture ;
Nancy offre un développement très intéressant de l'art décoratif. Il
faudrait que les pouvoirs locaux, la haute bourgeoisie bourguignonne
prissent cette noble cause en main, prodigassent les sacrifices d'argent.

On aurait alors quelque chance de voir refleurir le développement artistique régional que les États de Bourgogne favorisèrent si puissamment au xviii° siècle et dont témoignent encore tant de vestiges à Dijon, tout d'abord, mais aussi à Beaune, à Autun, à Dole. Seulement, à cette époque, il y avait encore des académies locales, des écoles d'art achalandées, un esprit régional puissant, fier, jaloux de ses traditions et de ses franchises. Comment ranimer tout cela ?

Du moins, Monsieur, la généreuse inquiétude dont témoigne votre lettre est partagée par le signataire de ces lignes, et je n'ai pas attendu votre mise en demeure, pour célébrer, récemment, dans les colonnes de la *Gazette des Beaux-Arts*, les mérites supérieurs du plus en vue de vos artistes, à l'heure qu'il est, Henri Bouchard.

M. André Michel, conservateur aux Musées Nationaux, professeur à l'École du Louvre, maître ès arts gothiques universellement admiré, ne crie pas à l'impossible et envisage même un moyen pratique :

Ce qu'on a appelé *l'école de Bourgogne* a été le résultat de causes nombreuses : constitution d'un *milieu* exceptionnel, accord des circonstances politiques, morales, sociales ; présence d'artistes (la plupart, d'ailleurs, venus de l'étranger et qui ne furent que des Bourguignons d'adoption...).

Pouvez-vous reconstituer aujourd'hui un *milieu* bourguignon, autonome, vivant, artiste ? Je le souhaite de tout cœur. Si vous arriviez à organiser à Dijon des ateliers, une grande école d'enseignement de l'art ; si vous appeliez Henri Bouchard à sa tête... trouveriez-vous sur place les concours, les ressources, les commandes, les grands clients, le public, l'opinion indispensables à toute éclosion artistique ?

J'ai bien peur que tout cela ne se décrète pas — mais il serait certes louable et glorieux d'y travailler !

M. Henri Drouot, le jeune érudit bourguignon, s'est spécialisé dans l'étude de l'art médiéval. Il est aussi un régionaliste ardent. On jugera par la réponse qu'on va lire combien notre idée fut

CLAUS SLUTER
Philippe le Hardi (Chartreuse de Champmol).

lucidement examinée par lui et quelles déductions logiques elle lui a suggérées.

I. Non, je ne crois pas possible de *reconstituer* une école bourguignonne de sculpture *telle* qu'elle exista au xve siècle. Cette école du xve siècle s'était développée autour d'un foyer né, d'un seul coup, de la rencontre de trois éléments : un génie, un crédit illimité, un « chantier » bourguignon de cinquante années, où un atelier put à loisir chercher sa formule et la développer. Ces trois éléments, indispensables, nous les donnerez-vous ? Un Claus Sluter, nous n'y pouvons rien. D'argentier comme nos ducs, il n'en est plus qu'un : « l'État », mais il est justement l'ennemi des provinces. Quant à l'inépuisable chantier, trouvez-le sous notre IIIe République.

Mais, songeons moins à reconstituer. L'école slutérienne dans la France du xve siècle était un organe dans un organisme : mort l'organisme, mort l'organe. De nos devanciers un trait seul est à copier : ils n'ont, eux, copié personne.

II. Ce qui serait possible à cette heure, c'est, plus simplement, de *préparer* un renouveau de notre sculpture comme simple modalité bourguignonne de la sculpture française. L'essentiel, on dit qu'il est en nous : l'artiste bourguignon est né sculpteur. Pour prendre l'œuvre à sa base, il nous faudrait, ce goût naturel, le découvrir en abondance et l'exercer. Préparons des sculpteurs. Pour cela, parlons moins d'art et ne faisons point de nos cadets des critiques ou des snobs : faisons d'eux des *ouvriers d'art*. Apprenons-leur à sculpter pour gagner leur vie. Trouvons moyen de faire commerce de meubles (ou de bijoux). Créons une industrie d'art, une *spécialité* bourguignonne qui attire ces apprentis sans aventure. Par eux, dans quinze ans, notre activité artistique des meilleurs temps sera reconquise, et du même coup nos vertus propres ranimées et fortifiées. Cette vie artistique, pratiquement et fermement assurée, cette vie que Paris possède dans le domaine de l'art pur, et l'esprit de découverte, le stimulant de l'émulation ou de la concurrence, il nous faut cela avant tout. Il nous faut bien aussi, pour atteindre à votre objet, une *pépinière d'artistes*.

Car quelques-uns de ces apprentis orientés en grand nombre vers un métier d'art deviendront de vrais artistes : ainsi les orfèvres florentins devenaient des Donatello. Et si de cette élite, vous songez à tirer votre « école » bourguignonne, je *rêverais* pour elle : 1º une école régionale des beaux-arts toute nouvelle, qui ne soit plus une école préparatoire de celle de Paris (quoiqu'attribuant des bourses de séjour à Paris, pour les musées et les expositions), mais qui, largement subventionnée, pousse l'enseignement jusqu'à son terme le plus élevé (par exemple avec le concours de certains maîtres bourguignons) et préparant directement à un prix de Rome (interpréter : à une bourse de voyage et d'études) annuel décerné par la province : — question de budget — ; 2º du travail largement assuré, autant que possible dans le pays même, par les Mécènes (mode à lancer) et les pouvoirs publics (le progrès de notre culte moderne, celui des notoriétés locales, est en ce sens une circonstance favorable) : — question de commerce (c'est la principale) — ; 3º un esprit provincial intransigeant, au besoin résolument partial et par conséquent vigoureux, qui assure à des artistes *résidents*, et faisant le moins possible, au contraire d'aujourd'hui, de provincialisme pour Paris, plus de réputation, comme plus de réclame, que le « battage » parisien : — question de moral.

Pratiquement, la question que vous posez se fond donc, à mes yeux, dans celle du régionalisme. Question d'esprit, question surtout d'organisation nationale et de budget. Les États de Bourgogne, au xviiie siècle, ont montré comment un budget bourguignon suscitait naturellement, et sur place, une pléiade d'artistes bourguignons. Alors l'esprit centralisateur du grand siècle faiblissait, et comme, en même temps, la vague classique commençait à se retirer, on pouvait croire qu'un style bourguignon allait naître. Un formidable retour du classicisme, avec la Révolution centralisatrice, arrêta tout. Et maintenant, de nouveau, derrière notre Rude, les Français, je dirais presque les « gallicans » de la sculpture, ou les gothiques éternels, avancent, et les classiques refluent ou vont refluer : des Bourguignons sont dans la mêlée. Nous avons donc dans le domaine spirituel ce que les Bourguignons du temps de Devosge n'avaient pas : un courant artistique favorable ; mais dans le champ des réalisations positives nous manquons encore de ce qu'ils avaient : l'autonomie administrative et budgétaire. Or, l'art suit l'argent. Écoles d'État, commandes d'État : art français ; — écoles bourguignonnes, commandes en Bourgogne : art bourguignon.

III. Que fixeriez-vous en Bourgogne ou, du moins, dans les stricts cadres de l' « école » que vous demandez. — De grands maîtres ? Non, même si, par bonheur, il vous arrivait d'en faire surgir ; car ceux-là gagneront comme par le passé le pays des grandes commandes et de la gloire, et, du même coup sans doute, ils se feront un art *personnel*, affranchi de la discipline provinciale, tout nôtres qu'ils puissent demeurer. — Une abondance de talents ? Justement. Le talent nous appartiendra, non l'inspiration supérieure ou le génie. Pas d'illusion sur ce point : en régionalisant l'art, nous en hiérarchiserons les manifestations. Paris, c'est-à-dire la France, ou le monde, toujours (le toujours de notre âge, bien entendu) aura le grand art, celui où les générations successives trouveront ou chercheront l'expression supérieure de leur *idéal*, et les provinces ne sauraient retenir que des exécutants, des virtuoses, un groupe solide et vivant, espérons-le, mais ne donnant qu'une production *secondaire*.

Or, qu'un jour le premier élan s'arrête, que les maîtres manquent pour guider dans une évolution nécessaire l' « école » d'où ils sont sortis, et je vois une foule de praticiens sans génie livrés au maniérisme des décadences, abaisser le goût dans leur domaine, déshonorer nos musées. C'est le péril des médiocrités. Il existe dès l'heure présente : quelle acuité ne risquerait-il pas de prendre dans le vase clos de l'école régionale. Et je songe à l'art français d'aujourd'hui, harmonie des variantes provinciales, où chacune se fond sans se perdre, art centralisé sans tyrannie, assez pour imposer au monde sa ferme discipline, trop peu pour étouffer les vies secondaires dont il enrichit la sienne. Heureux équilibre, qu'il serait dangereux de rompre. Chercher, et par les moyens mêmes que j'indiquais, à faire plus belle notre part dans l'œuvre *commune*, je le crois profitable et utile et à notre renom et à l'art français lui-même. Mais aller plus loin, *pour le présent*, serait une erreur. Contentons-nous, s'il faut songer à activer notre vie régionale, de créer cette industrie d'art dont je parlais.

Cependant, il est possible qu'un jour, proche peut-être, une révolution administrative offre à l'art français des bases nouvelles. Si ce jour-là, le système actuel atteint sa décadence, si au foyer parisien l'art national s'appauvrit, qu'un effort résolu soit accompli dans le

HUGUES SAMBIN
Table XVI⁰ siècle (Musée de Dijon).

sens que vous indiquez. C'est alors qu'il sera utile. Sans doute, même, l'appellerons-nous un progrès : jeu de l'illusion humaine, puisque le système nouveau ne durera qu'un temps, et que, notre siècle épuisé, nos fils lointains, au retour du flot, réaliseront à leur tour ce progrès : refaire ce que nous abattons. Œuvre vaine alors? Non, ce balancement incessant, c'est la fécondité même.

Ainsi, M. Henri Drouot estime impossible de reconstituer une école telle que celle du XVe; mais ce en quoi il a foi, c'est en la préparation d'un renouveau local de notre sculpture. Pourtant, à son sens, l'effort à fond n'est pas utile présentement, car il entrevoit le danger des médiocrités que l'éloignement des maîtres de leur province peut faire craindre. Du régionalisme intégral, en somme, M. H. Drouot espère seulement; la décentralisation de l'art n'en est qu'un aspect. Pour l'instant créons, s'il est possible, un métier d'art, avec style bourguignon, des ouvriers d'art, ramenant l'activité artistique dans notre région. Voilà, au total, les idées émises par notre correspondant et ami; elles sont d'une sagesse, d'une pondération particulièrement remarquables. Au surplus, il se trouve en communion d'idées avec M. Clément-Janin — entre tant d'autres — qui, dans son ouvrage sur le Déclin et la Renaissance des Industries d'art (1) *écrivait: « Si des villes comme Lyon, Aix, Dijon, Rennes, Quimper, etc. imitaient l'exemple donné par Nancy et que commencent à suivre Besançon, Roubaix, Toulouse et Bordeaux, si ces villes tentaient de rénover chez elles leurs industries d'art, il se formerait dans chacune d'elles un noyau d'amateurs dont l'influence coordonnerait les talents et un public de plus en plus entraîné à apprécier avec sagacité les œuvres qui lui seraient offertes. » M. Drouot a parlé de l'art du meuble ou de l'art du bijou comme arts pouvant peut-être nous constituer une spécialité. Il est certain que de tous temps le meuble fut une sorte de métier d'art très bourguignon. On en trouve non seulement la preuve dans le fait que l'École des Beaux-Arts de Bourgogne, fondée au XVIIIe siècle par François Devosge, portait le titre d'École publique des beaux-arts pour tous les arts du bâtiment et du meuble, mais aussi dans les meubles bourguignons anciens très typiques, de quelque époque qu'ils soient, qui nous ont été conservés. En parlant des bijoux, M. Drouot songeait incontestablement à l'excellent artiste M. Henri Dubret et aux orfèvres amateurs nombreux qui exposent aux salons dijonnais. Il semble en effet qu'il y ait peu à faire pour que ces isolés fissent école.*

M. Armel Beaufils, jeune statuaire breton bretonnant, est le secrétaire de la « Bretagne artistique », récent groupement parisien.

Trop modestement, il se réfugie derrière une incompétence qui sonne faux.

(1) Floury, 1911.

Il ne saurait dire si la reconstitution d'une école bourguignonne de sculpture est chose facilement réalisable ; en tous cas c'est à tenter :

Les artistes originaires de la province sont si disséminés à Paris qu'il en résulte depuis longtemps un oubli total de l'art, considéré au point de vue régional... Quand on pense, d'autre part, qu'il y a des artistes et des amateurs français qui, de Paris, se précipitent constamment vers l'Italie sans s'arrêter à Dijon !... on comprend que la Bourgogne intellectuelle s'arme d'indignation comme depuis longtemps notre Bretagne aurait dû le faire... Oui, il faut réagir contre les tendances diffuses et incohérentes du sentiment artistique en tirant parti de l'art régional contemporain.

Un amateur d'art très averti, M. Paul Robert du Costal, nous donne cette glose où le pittoresque s'allie à la documentation :

Tout d'abord peut-on fixer exactement au xve siècle la date de la naissance de l'école ?

N'y aurait-il pas lieu antérieurement de découvrir l'influence d'un art roman qui serait né ailleurs que sur le sol bourguignon ?

Sur le sol français proprement dit.

Il est vrai que si l'on considère l'architecture séparément, on a la preuve manifeste d'un tempérament original ; le roman bourguignon est racé ; il possède des lignes parfois trapues, toujours décidées ; il en émane un caractère de force, même dans les édifices où les dimensions sont modérées.

Vous vous en tenez, Monsieur, au xve siècle, n'atténuez-vous pas, vous-même, la portée de l'argumentation ?

En effet les admirables sculpteurs, les ornemanistes géniaux que vous citez ne sont-ils pas des flamands originels, ou des disciples si proches parents qu'on peut dénommer leurs enfants ?

Certes, à la cour fortunée des Ducs une cohorte flamande sans pareille est venue prendre les instructions, le goût, et recevoir d'incomparables récompenses.

La *Bourgogne était heureuse*, les seigneurs et les bourgeois admirèrent et payèrent grassement un art d'importation qui vite sé spécialisa et devint propre au duché : sculpture, luxueuses tapisseries..., etc.

L'instinct flamand se manifesta par d'ingénieuses, hardies, riantes intentions, le génie bourguignon insuffla aux artistes naturalisés cette force volontaire, mariée à de la grâce naturaliste.

Incontestablement ces composés peuvent s'unir sous la dénomination d'école bourguignonne.

Mais où commencerait la ligne de démarcation pour les origines ? Cette ascendance reconnaissable possède des droits.

Il serait arbitraire, d'autre part de borner au xve siècle la portée de l'école bourguignonne. N'a-t-elle pas eu, ensuite, dans les pays circonvoisins, la Bresse par exemple, la Savoie, des écoles qui ont vécu plus longtemps que ce quantième ?

Oserai-je toucher en quelques lignes à ce gros problème de l'influence de l'école bourguignonne sur les écoles italiennes ? Un de nos plus célèbres critiques d'art : Courajod, allait si loin dans cette hypothèse qu'il a provoqué de savantes contradictions ; l'un de ses successeurs, le plus grand sans doute, M. André Michel, a combattu avec passion la thèse de Courajod en ce qu'elle avait d'excessif.

Et la conclusion peut se trouver, comme la vertu, *in medio* : d'une part l'originalité de l'école bourguignonne a résisté à l'envahissement dominateur de l'Italie ; d'autre part, le naturel puissant des sculpteurs bourguignons a dû être connu de certains Italiens florentins d'origine ou d'élection, et partant *les a pu* influencer. Je penche d'autant plus pour l'affirmative que Michel-Ange, lui-même, qui a eu comme élève l'architecte dijonnais : Sambin, a pu (l'hypothèse est permise !) tout au moins, s'entretenir avec lui du bel art flamingo-bourguignon.

J'ai semblé m'éloigner du sujet posé ; mais je crois avoir repoussé l'idée de toute tentative vaine en faveur de la reconstitution d'une école bourguignonne.

On ne remonte pas les siècles abolis, pas plus qu'on ne fait du présent un passé ressuscité.

Fonderait-on des chaires de sculpture, de peinture, de tapisserie ?

Qu'y enseignerait-on ? Le culte de l'Art bourguignon ? Mais tous les critiques dignes de ce nom ne le possèdent-ils pas ?

Alors ?

Ah ! conclure est moins embarrassant que je ne le pensais en commençant mon épître.

Notre musée dijonnais est certes riche déjà en œuvres immortelles ; les tombeaux ducaux sont le centre.

Ne pourrait-on pas réunir plus de spécimens bourguignons autour de ces merveilles ?

Les villes moins riches céderaient difficilement à la capitale bourguignonne leurs trésors petits ou grands.

Mais les particuliers, obéissant à un patriotisme particulariste, ne pourraient-ils pas aider la municipalité dijonnaise, la *Revue,* et l'administration du Musée dans cette réunion d'œuvres et d'œuvrettes qui grandirait la grande gloire de la Bourgogne.

Une caisse pourrait être fondée qui alimenterait de judicieux et prudents achats. A Dijon même, si les locaux du Palais étaient jugés trop exigus, il serait aisé de créer une annexe bien ajourée qui présenterait en belle place les dons ou acquisitions.

J'ai parfois rêvé de voir réédifier la merveilleuse chapelle de la Chartreuse de Champmol d'où les tombeaux ont été extraits et sauvés. Qu'elle entreprise délicate et grandiose de redonner la vie à cette déplorable et fine ruine ? D'abord les tombeaux y reprendraient leurs places d'antan ! Tel statuaire, par exemple, Jacques de la Baerze, s'y réinstallerait comme chez lui avec son collaborateur, le peintre de Philippe le Hardi : Melchior Broederlam.

Ce serait le cas de soumettre ce plan aux architectes bourguignons, en concurrence avec les architectes français, les premiers du monde. Le portail, la tour octogonale de l'escalier, les retables, les fondations seraient des documents suggestifs en vue d'une pure reconstitution.

Évidemment la réalisation du Rêve que j'ose formuler, serait ardue et dispendieuse, mais non impossible !

L'école bourguignonne, dans la chapelle relevée, aurait un cadre digne d'elle ; elle y exposerait en place ses immortels exemples, non

JACQUES DE LA BAERZE
Rétable d'autel (Musée de Dijon).

seulement aux fils du sol, mais aux artistes du monde entier. Elle
montrerait et démontrerait ainsi, voisine du Puits de Moïse, qu'elle
est l'une des toutes grandes inspiratrices de la Renaissance française.
Et Dijon serait vraiment l'une des Capitales de l'Art.

Pour terminer, laissez-moi exprimer un doute qui vient appuyer
mon opinion admirative.

Est-il vrai que l'école bourguignonne soit tellement morte qu'il
la faille reconstituer ? Non pas ! Elle vit encore, on la sent vivre et
vibrer parmi la grande école française.

Les noms que vous me citez, Monsieur, me sont des témoins de
sa vitalité.

J'ai pu connaître E. Guillaume et Mathurin Moreau et ce m'est un
honneur ; j'ai eu quelques relations avec MM. Gasq et Bouchard
et ce m'est un plaisir élevé. Les œuvres de MM. Dampt, Max
Blondat, Yencesse, me sont familières. — Dans leurs statues, statuettes
ou si originales médailles, tous ces beaux artistes manifestent la puissance ou la grâce, souvent ensemble les deux caractéristiques de la
race. Parfois ils approchent de leurs grands devanciers, parfois ils les
égalent ; toujours ils en sont les dignes descendants.

*M. Georges Lecomte, président de la Société des gens de Lettres, est
un Bourguignon. C'est, en outre, si nous ne nous trompons, un « Opti-
miste », comme M. Frantz Jourdain. Toutes choses qui font que M. Georges
Lecomte croit à la possibilité d'un mouvement régionaliste.*

Certes votre tentative est intéressante et généreuse, mais on ne
recommence rien. On ne décrète pas la constitution ou la reconstitution d'une école. L'école bourguignonne revivra tout naturellement,
si elle doit revivre, sous l'influence de grands artistes tels que Henry
Bouchard, Dampt, Gasq, Max Blondat, Yencesse, Aubau, qui sont très
différents les uns des autres, qui ne semblent pas avoir recueilli les
mêmes idées et les mêmes traditions, mais dont quelques-uns cependant paraissent se souvenir de l'art bourguignon.

L'œuvre de ceux-là est trop belle, trop impressionnante pour ne
pas déterminer un mouvement en Bourgogne.

4 *

L'admirable Musée de Dijon et vos monuments y participeront aussi.

M. André Girodie, Directeur du « Dictionnaire des artistes et des ouvriers d'art de la France », est favorable :

L'art bourguignon du xve siècle a été la conséquence de la générosité des ducs de Bourgogne autant que l'ensemble des œuvres des maîtres qu'ils occupaient. Si les comptes de la Bourgogne actuelle parvenaient à mentionner les dépenses d'art de la Bourgogne du xve siècle je suis persuadé qu'il serait alors possible de reconstituer au xxe siècle une école bourguignonne. Je n'ai pas besoin d'insister sur l'utilité de cette reconstitution. Quand les artistes multiplient des chefs-d'œuvre, tout est pour le mieux dans les autres classes de la société.

M. Péladan croit à l'utilité d'une école bourguignonne; mais il entrevoit quelque difficulté à la réaliser :

Vous demandez s'il est possible de reconstituer une école bourguignonne. Possible je ne sais pas. Une école suppose un ou des maîtres, des principes, un idéal accepté.

Pour l'utilité, il n'y a pas de doute. Quant aux moyens je n'en connais pas pour grouper des personnalités aussi injustes, jalouses, hérissées, que celles des contemporains ?

Mais le premier point serait que les sculpteurs que vous citez élaborassent une formule esthétique ? Laquelle les grouperait ? Interrogez-les ?

C'est ce que nous avons fait, on l'a vu. Aucun n'a parlé de formule mais M. Péladan envisagerait-il une école de sculpture bourguignonne sous les aspects des écoles cubiste et futuriste, lesquelles rédigent des manifestes où sont condensés les principes déterminés que devront suivre les adeptes ? C'est là, selon nous, un procédé empirique aboutissant à une école artificielle, à un style apparent, non réel.

CLAUS SLUTER
Buste du Christ du Puits des Prophètes (Musée archéologique de Dijon).

*Avec M. Camille Mauclair, le ton commence à être différent, encore
que son enthousiasme comporte quelque retenue.*

En toute humilité, je suis hors d'état de contribuer utilement à
votre enquête, et ma réponse ne vaudra que pour vous apporter,
ainsi qu'à votre entreprise, ma vive et sincère sympathie.

La reconstitution que vous rêvez, et à laquelle assurément des
artistes comme Dampt et Bouchard, entre autres, pourraient apporter
le plus beau concours, serait évidemment des plus utiles. Son sort
est lié à celui de toute la question de « décongestion métropolitaine »
dont les influences néfastes se révèlent de plus en plus. On ne peut
que souhaiter ardemment la renaissance de cinq ou six grandes écoles
provinciales, autonomes, défrayées par leurs capitales, et affranchies
des odieuses tentations et des dures nécessités de l'arrivisme parisien.
Le jour que j'espère prochain, où les halles disgracieuses et nuisibles
que sont les salons de Paris disparaîtront, un grand pas sera fait : on
appellera tour à tour la critique picturale, comme la critique musi-
cale, à se déranger pour aller, en province, juger les œuvres sur les
lieux dont le terroir et la tradition locale les inspirèrent. Ce sera le
retour à la raison et à la santé.

*M. Léon Rosenthal, ancien professeur au Lycée de Dijon, actuelle-
ment professeur à Louis le Grand est possibiliste sans restriction :*

Je réponds, sans hésiter : oui, évidemment. Il ne s'agit pas, en
effet, de susciter, par un effort artificiel, des hommes de talent ou de
génie. La Bourgogne fournit en abondance une magnifique pierre
blanche et elle fait naître aussi des hommes capables de l'animer.
Nous avons, dernièrement, rappelé le génie généreux de Bouchard.
Dampt, Gasq, Max Blondat, Piron sont des artistes de haute valeur
et Yencesse, un médailleur de premier ordre. Il y a entre ces esprits,
tous indépendants, des affinités certaines. Ils constitueraient une
École, le jour où de grands travaux les rappelleraient de Paris, les
ramèneraient et les maintiendraient en Bourgogne et les obligeraient
à y former une armée d'auxiliaires et d'élèves.

Si l'École de Bourgogne fut glorieuse au quinzième siècle, ce n'est pas parce qu'il y avait alors des artistes bourguignons de génie. Les artistes accoururent de Flandre, comme Claus Sluter, d'Espagne comme Jean de la Huerta, parce que les ducs de Bourgogne, comtes de Flandre, étaient puissants, riches et fastueux et qu'ils n'épargnaient rien pour les arts.

Que Dijon redevienne une grande capitale régionale, qu'elle soit le centre d'une région prospère et sa vitalité accrue se complètera naturellement par l'éclat artistique. Ses fils réaliseront, sans doute, un vœu secrètement formé depuis longtemps lorsqu'ils seront conviés à embellir le sol natal.

La question de décentralisation artistique se lie, d'une façon intime, à la question de décentralisation administrative et économique. Il serait vain d'examiner un des aspects du problème sans aborder les autres.

Qu'on me permette d'ajouter un mot. La *Revue de Bourgogne* ne paraît se préoccuper que des créateurs de statues ou de bas-reliefs. D'autres sculpteurs ont encore honoré la Bourgogne. Ce sont les tailleurs de pierre qui ont couvert de sculptures décoratives d'un style exubérant et puissant l'Hôtel des Ambassadeurs, l'Hôtel de Vogué et tant d'autres curieux édifices de Dijon ; ce sont aussi les huchiers qui, autour d'Hugues Sambin, ont créé ces meubles de chêne et de noyer, merveilles d'un art étonnamment sain et riche. Pourquoi la *Revue de Bourgogne* n'étend-elle pas sa sollicitude à ces industries d'art qu'il serait possible de faire revivre et vers lesquelles on pourrait aiguiller utilement la jeunesse, sans risquer de provoquer de faux espoirs, suivis d'amères désillusions ? C'est par l'éveil des industries d'art que renaîtra le régionalisme. Le génie surgira, ensuite, naturellement, de la foule des artisans habiles, comme une fleur plus belle au milieu d'une prairie abondamment arrosée.

Deux mots au sujet de la pierre de Bourgogne à laquelle M. Rosenthal fait judicieusement allusion. Il est incontestable qu'on abuse du marbre. Cet engouement, compréhensible lorsqu'il s'agit d'un buste, d'une statuette, semble nous rester de la Renaissance. Pour les œuvres impor-

tantes, le marbre est froid, pâle et mesquin. Que ne se sert-on plus de la pierre de France, avec laquelle on peut obtenir des effets bien autrement puissants qu'avec le marbre? La sculpture du moyen âge en témoigne. De nos jours, MM. Bouchard et Dampt ont rénové la tradition des anciens maîtres de l'école bourguignonne ; ils taillent eux-mêmes la plupart de leurs œuvres dans le granit de Bretagne où le calcaire de Comblanchien, d'Asnières ou d'Is-sur-Tille en Côte-d'Or. C'est une belle initiative.

M. Léo Claretie, directeur de la revue « l'Art et l'Enfant », est modeste à l'excès ; mais il est prêt pour la Croisade :

J'avoue mon incompétence en ce qui concerne l'École bourguignonne de sculpture du quinzième siècle. Mais, pour répondre à votre question, je suis bien persuadé que la renaissance de cette école serait utile et est désirable, et il faut souhaiter que tous les moyens efficaces, publications, expositions, etc., soient utilisés à cet effet.

On sait que la sympathie de Mme Valentine de Saint-Point va à une école littéraire toute nouvelle, le futurisme. La petite-nièce de Lamartine partage-t-elle les idées de M. Umberto Boccioni sur la sculpture futuriste? Nous ne saurions l'affirmer ; mais c'est probable si elle respecte l'unité adoptée par MM. Marinetti et Boccioni dans le « mouvement futuriste ». Toujours est-il que Mme Valentine de Saint-Point nous a fait l'honneur d'une réponse qui n'a rien de subversif, oh ! mais rien. Ce qui ne revient pas à dire qu'elle soit banale ; tout au contraire. Et cela n'est pas pour nous étonner.

La centralisation, par la lutte plus âpre à laquelle elle oblige, concourt sans doute à la sélection qui confirme les grands génies. Mais certaine décentralisation est utile à l'art parce qu'elle recréerait des artisans. Il n'y a plus que des ouvriers (1), recréez des artisans pour

(1) *Un artiste dijonnais, M. Henri Dubret, joaillier-sculpteur a fait, dans son rapport au Congrès des arts décoratifs à Nancy, cette distinction entre ouvrier et artisan. L'ouvrier n'a qu'à exécuter des projets créés par un autre ; l'artisan, au contraire, doit composer, être un créateur. Un degré seulement sépare l'artisan de l'artiste, c'est le don.*

avoir des phalanges d'artistes capables de dresser l'œuvre collective comme celles qui firent éclore les cathédrales. La Bourgogne, puissante et féconde, peut donner aujourd'hui ce qu'elle donna jadis. Les moyens ? Trouvez un Mécène intelligent et intuitif, une initiative privée ou *partiellement* collective, car il ne faut pas songer à une aide officielle; n'est-ce pas ? Nous connaissons trop les spécimens de l'art officiel...

Un philosophe bergsonien, critique de haute envergure, M. Paul Gaultier, est enthousiaste.

Je ne puis assez vous féliciter de l'enquête que vous entreprenez. Tout ce qui peut concourir à ressusciter la physionomie de nos anciennes provinces ne saurait laisser aucun Français étranger. Et quand il s'agit de la Bourgogne, l'une des plus belles de toutes, le projet est de haut prix.

Combien vous avez raison de vous attacher en Bourgogne à son incomparable école de sculpture, qui, depuis Claus Sluter jusqu'à Rude, pour ne pas nommer les vivants, infuse à l'art français l'amour d'un vigoureux idéalisme et rayonne jusqu'en Espagne.

La sculpture bourguignonne, comme je l'ai montré dans mon livre *Le Sens de l'Art*, a donc un caractère bien à elle. Elle prouve une école, s'il en fût jamais.

Peut-on la reconstituer dans sa forme d'autrefois ? Je le crois.

Une telle reconstitution serait-elle utile ? J'en suis convaincu.

Les moyens ? grouper autour des maîtres bourguignons actuels un collège de sculpteurs du pays, analogue à la « Schola Cantorum » où l'on apprendrait la technique, l'histoire et les œuvres de la sculpture de la province. Toutes les commandes de la Bourgogne devraient être faites à ces sculpteurs.

On pourrait débuter par une exposition à Dijon ou à Paris de sculpture bourguignonne.

M. Alphonse Germain, de la Gazette des Beaux-Arts, *donne cette très intéressante et très précieuse réponse :*

L'heure est tout à fait favorable à la décentralisation ; le nombre de ses partisans ne cesse d'augmenter et l'état des esprits la rend déjà possible en plusieurs villes. Pourquoi donc n'essaierait-on pas de reconstituer, en Bourgogne, une école régionale en s'inspirant des principes de l'ancienne et glorieuse école ?

Une telle œuvre, menée avec toute la compétence désirable, aurait incontestablement une grande utilité puisqu'elle recréerait un foyer d'art dans une province où, de tout temps, il y eut des artistes prenants et des amateurs éclairés.

Assurément, la réalisation en serait délicate, peut-être même exigerait-elle plusieurs essais ; en tout cas, il n'est pas déraisonnable de l'entreprendre. Il importerait tout d'abord de rénover, de transformer, sinon de rejeter, l'actuelle méthode d'enseignement qui tend à rendre les élèves impersonnels. Il faudrait donc trouver des maîtres capables de développer en leurs élèves les caractères régionaux en même temps que l'originalité personnelle, des maîtres capables de former pleinement des artistes, de les initier non seulement à l'interprétation des formes, mais encore à la création des décors et des mobiliers. Car, pour être utilisables dans leur province même, les artistes de demain devront pouvoir travailler utilement à tout ce qui embellit les édifices et les habitations.

Une telle tentative de régionalisation pourrait être entreprise soit par l'école des Beaux-Arts locale, transformée dans ce but, soit par un ou plusieurs ateliers fondés par l'initiative privée sur le modèle des ateliers d'autrefois et dirigés, bien entendu, selon un esprit très moderne. Mais les ateliers libres, on doit le reconnaître, présenteraient de particuliers avantages, s'ils faisaient revivre tout ce qu'avaient d'excellent leurs prototypes. Les anciens ateliers n'avaient pas seulement de bons éducateurs, ils étaient intelligemment organisés. Le maître ne s'entourait pas de nombreux élèves, rien ne l'empêchait donc de se consacrer longuement à chacun d'eux et il les préparait avec d'autant plus de soin qu'il s'en faisait des auxiliaires. De nos jours, les ateliers des grandes écoles de province sont souvent encombrés, toujours comme ceux de Paris. Or le plus zélé, le plus scrupuleux des professeurs ne saurait s'occuper de chaque élève ainsi qu'il con-

FRANÇOIS RUDE.
Buste de Christ du Calvaire de Saint-Vincent-de-Paul (Louvre).

viendrait. Comment cultiverait-il les dons de tant de personnalités différentes, comment les initierait-il réellement au métier ? Ses minutes sont comptées parcimonieusement, tout au plus a-t-il le temps d'indiquer les corrections essentielles et les procédés d'usage courant. Les meilleurs de nos ateliers d'école, rien ne servirait de le nier, ne remplacent pas du tout les ateliers de jadis ; ils n'en sont même pas un reflet. Ils apparaissent comme des prolongements de classes élémentaires. On y pousse exagérément à l'imitation, comme si le but final était de fournir des sortes de singes perfectionnés.

Le retour aux ateliers libres paraît donc s'imposer ; mais, ne l'oublions pas, l'atelier ne vaut que par le maître. Il importe de ne confier des élèves qu'à des peintres et à des sculpteurs, dont les preuves sont faites et bien faites. Quand un artiste se double d'un éducateur, il forme toujours quelques élèves solides, même s'il est forcé d'enseigner dans de mauvaises conditions. A Lyon, les sculpteurs Fabisch et Dufraine ; à Toulouse, le sculpteur Maurette, obtinrent, grâce à leurs qualités personnelles, de remarquables résultats. Un éducateur de race s'élève tout naturellement au-dessus du terre-à-terre d'un système, Par contre, un professeur quelconque n'arrive pas à tirer tout le parti possible de la meilleure des méthodes, et, dans bien des cas, il l'altère. L'atelier indépendant sous l'unique direction d'un maître, cet atelier a fait ses preuves ; de l'avis des plus autorisés, il est le plus normal, le plus rationnel, le plus propre à ramener aux fortes études, dont chacun sent le besoin aujourd'hui. Vainement a-t-on voulu faire mieux. On fondait de grandes espérances, au siècle dernier, sur les écoles des Beaux-Arts ; l'expérience pratiquée amplement est tout à fait concluante ; elles répondent plutôt mal à leur but et augmentent beaucoup trop le nombre des professionnels inutiles.

Les amis de l'art et les amis du régionalisme ont, semble-t-il, en Bourgogne un terrain très propice pour fonder un ou deux ateliers libres, une école d'art réellement régionale, à bonne saveur de terroir. Qu'ils consentent à tenter l'entreprise, qu'ils donnent le bon exemple aux autres provinces à anciens foyers d'art, et ils auront bien mérité de la France tout entière.

M. Ovide Yencesse, sculpteur en médaille bourguignon, préconise un moyen à retenir pour tenter la réforme.

Je crois très possible de reconstituer au xxᵉ siècle une école bourguignonne de sculpture.

Cette reconstitution serait très utile parce qu'elle nous donnerait un art original bourguignon et bien l'art du xxᵉ siècle. Les avantages en seraient très importants, beaucoup plus importants qu'on ne se le figure.

Quelques artistes n'ont pas attendu cette marche d'ensemble pour abandonner tout le convenu de l'art et sont déjà revenus d'eux-mêmes à cette manière de voir, de penser et de travailler.

Parmi les moyens de parvenir à cette reconstitution, je vois de suite la réforme des écoles des Beaux-Arts de province, en premier lieu celle de Dijon.

Pour commencer cette réforme, on pourrait demander aux artistes bourguignons de Paris de venir tour à tour donner leurs conseils aux élèves de l'école. Se retremper ainsi au terroir serait excellent pour eux et les jeunes auraient vite fait de choisir parmi tous ces conseils ceux qui se rapprochent le mieux de leur tempérament et d'oublier les autres. Quand la semence tombe dans une terre qui lui convient elle germe vite.

Un professeur de droit administratif de l'Université de Dijon, qui est à la fois un fervent du régionalisme, M. Joseph Delpech, veut s'en tenir aux idées générales ; mais instinctivement, il apporte quelques arguments d'ordre économique et rappelle les résultats pratiques obtenus ailleurs. Le jour où l'on étudiera les moyens de réalisation d'une école bourguignonne, M. Delpech sera du plus précieux conseil.

La Bourgogne apparaît à mon esprit, curieux de la découvrir sous ses riches aspects, comme l'une des régions de France où la vie provinciale ne fut jamais artificielle, et dont l'œuvre, toujours au travers de l'histoire, révèle l'âme fort individualisée. Récemment, en leur anthologie de la province, MM. Calmette et Drouot rappelèrent, d'un trait à merveille sobre et expressif, la vivante technique et le génie sculptural de l'école créée au xvᵉ siècle autour de l' « atelier », les harmonieuses synthèses et les renouvellements féconds des formules par les grands « tailleurs d'imaiges »; ils exprimaient aussi le souhait d'une compensation de l'oubli advenu aux simples ouvriers par la glorification éclairée de ceux qui furent les vrais disciples des premiers sculpteurs de leur temps.

Cette idée, Monsieur apparemment, vous inspire. Elle participe, par son principe, aux mérites des disciplines lentes et des systèmes sûrs, qui en tous domaines, tendent à harmoniser les exigences contraignantes de l'unité nationale et le particularisme indestructible des groupes historiques. Elle fonderait, par sa réalisation, une solide éducation nationale, souple et entraînante, révélatrice et génératrice dans un esprit artistique local souvent engourdi : la résurrection et le groupement des richesses d'art en serait la suite nécessaire. A l'heure présente, le nombre des collections est excessif et la dispersion de leurs éléments, selon le caprice des attributions immobilisées et imparfaites, nuit étrangement aux recherches et aux études méthodiques sur telle école ou telles œuvres d'artistes : pour beaucoup de ces pièces, la meilleure leçon d'un musée ou d'une galerie est de faire la révélation du passé ou d'un type d'art dans le cadre même qui les vit éclore, les imprégnant de son caractère, accusant en elles son idéal, livrant son âme avec leurs tendances, leurs couleurs ou leurs formes; il en est vraiment qui ne s'éclairent et n'ont leur portée qu'au contact d'un pays et d'une race. Ainsi en est-il, selon toute apparence, pour la sculpture bourguignonne antérieure à la transformation du duché Valois en province de la monarchie française : son esthétique particulière veut une systématique reconstitution en fait et par la doctrine.

La tâche sera malaisée, comme l'a été, ici ou là, l'aménagement ou la transformation de quelques départements. Les initiatives individuelles sont hésitantes à l'ordinaire et on les dirait aisément non averties des ressources multiples à trouver, pour des fins désintéressées, dans le nouveau droit de l'association. Les budgets municipaux, dont les beaux-arts forment des chefs de dépenses facultatives, sont grevés souvent à l'excès; et les subventions y manquent parfois d'importance et de continuité. A ce double point de vue, — qu'il serait plus utile de reprendre au vu de votre enquête, eu égard aux directions accusées par elle et inconnues de moi, — il faut une éducation et des conquêtes

Cl. les Marches de l'Est.

François Rude

Monument à Godefroy Cavaignac (Cimetière Montmartre).

sur la vie de la rue et des collectivités publiques. Pour y réussir, le mieux serait peut-être de procéder par adaptation d'expériences ailleurs triomphantes.

Il en est plusieurs pour provoquer les énergies bourguignonnes. N'est-ce point une préparation des esprits, une initiation à l'histoire de l'art, qui faisait, au conseil municipal de Paris dès 1894, l'objet du rapport P. Baudin et qui aboutit, en 1909, à l'ouverture par la commission des beaux-arts de la ville d'un « Musée du soir », au Petit Palais, dans les salles de la collection Dutuit ? La reconstitution de l'œuvre et des legs de Ingres n'a-t-elle point été, à Montauban, l'apport considérable d'un comité privé à une municipalité sollicitée à peine, durant près d'un demi-siècle, de quelques sacrifices matériels ? Quelles indications utiles, enfin, n'emprunterait-on pas, le cas échéant, aux opérations financières par lesquelles la ville de Besançon a procédé à des expositions rétrospectives franc-comtoises, et, plus récemment, à l'installation de services d'archéologie et d'art appliqué ?

Telles sont, Monsieur, les réflexions qu'a provoquée en mon esprit votre lettre relative à l'un des meilleurs modes de décentralisation régionale et universitaire. J'appelle de tous mes vœux l'heure où il faudrait, de concert, étudier les voies et moyens.

Et pour finir, retenons l'encouragement et la promesse que veut bien nous donner le très distingué rapporteur du budget des Beaux-Arts de 1910, M. Paul Boncour, ancien ministre du travail.

Je suis très pris en ce moment par les événements politiques, et je ne puis répondre à votre lettre aussi longuement que je le souhaiterais, et surtout je n'ai pas le temps de vous indiquer les moyens que j'aperçois pour réaliser la reconstitution dont vous me parlez.

Mais j'ai le grand désir, estimant qu'elle n'est pas impossible, d'y aider de tout mon pouvoir. Tenez-moi donc au courant de tous les efforts que vous ferez dans ce sens.

*_**

Il faut conclure. Sera-ce facile ?

Et d'abord, les réponses nombreuses que nous venons de donner sont-elles si différentes, au fond ? A la vérité on les peut classer en deux catégories opposées: la négative et la possibiliste. Toutefois il est curieux d'observer que la plupart des réponses donnent des arguments différents sur une même façon de voir. Notre rôle se bornera donc à rassembler ces arguments ne fournissant de notre cru, comme dit Montaigne, « que le filet à les lier ».

Le grand argument des sceptiques est que les conditions sociales, économiques, n'étant plus les mêmes, il est impossible de reconstituer le même état de choses qu'au XVe siècle. Le préfet de la Côte-d'Or ne remplace aucunement les ducs ; personne ne songe, au surplus, à entretenir un artiste pour le retenir à Dijon; les artistes ne peuvent donc vivre qu'à Paris. On concède bien que la Bourgogne actuelle devrait et pourrait faire plus pour ses artistes ; mais ce n'est pas une solution. Cette solution, selon d'autres, ne pourra être trouvée que consécutivement à la loi administrative; et c'est en effet se placer sur une base logique. Beaucoup attendent encore, sauf MM. A. Germain, Drouot et Yencesse, de l'école des Beaux-Arts de Dijon telle qu'elle est. M. Yencesse, lui, propose une excellente idée qui consisterait à faire faire aux artistes bourguignons en renom un cours régulier à cette école. Par ce moyen, certains procédés, certaines formules pourraient se perpétuer; ce qui se rapproche fort de notre préoccupation. M. Drouot songe à une école non préparatoire, à l'école de la rue Bonaparte, mais à une école régionale concurrente.

Les professeurs d'histoire de l'art bourguignon ne croient pas devoir envisager d'autres horizons que ceux qu'ils résument dans ces formules : développer l'esprit bourguignon, mais ne pas oublier que la sculpture bourguignonne ne doit être qu'un aspect de la sculpture française et, faisons des artistes honnêtes.

Ainsi parlent les sceptiques. Ainsi parlent encore ceux qui, semblables aux damnés du Dante, « vivent dans le désir sans conserver l'espérance ».

Par contre, beaucoup de nos correspondants croient à un mouvement possible. La création d'un métier d'art avec style bourguignon, notamment, préparerait l'éclosion d'une école d'art. Cette école, d'autres la voient réalisable sous la forme d'un atelier indépendant auquel un Mécène et des commandes régionales assureraient la vie et où un maître bourguignon donnerait un enseignement nullement officiel, un maître à qui l'on entendrait parfois répéter le mot de Rude à son élève Carpeaux : « Mon petit, si tu veux avoir le prix de Rome, il faut me quitter. »

Enfin, certains croient possible de reconstituer l'école bourguignonne dans sa forme d'autrefois.

Toutes ces idées sont fécondes ; elles ouvrent des aperçus logiques ; elles sont appuyées sur des moyens pratiques, la plupart du temps ; elles portent en elles les plus généreuses initiatives. Nous n'avons point qualité pour choisir parmi elles celle qui nous semble la meilleure. Nous ne saurions donc conclure au véritable sens du mot. Nous ne pouvons que récapituler.

A époque différente, à mœurs nouvelles, conditions économiques nouvelles. Donc, obtenir les résultats anciens par des moyens nouveaux. Créer un renouveau local, un esprit bourguignon ; modifier l'enseignement à l'école des Beaux-Arts de Dijon ; y appeler les artistes bourguignons de grand talent ; créer un style ; créer un métier d'art ; réserver à nos artistes, à cet atelier d'artisans toutes nos commandes ; provoquer les initiatives en même temps que les énergies bourguignonnes ; découvrir un Mécène qui accepterait d'assurer en Bourgogne l'existence à un atelier de sculpture ; faire à Paris, à Dijon, des expositions d'œuvres uniquement bourguignonnes ; chercher enfin à retenir chez nous nos jeunes artistes, tels sont les conseils que l'on veut bien nous donner. Notre gratitude est grande envers tous ceux qui les ont formulés. Ils ont compris notre préoccupation parce qu'ils la partageaient : la fable de Pygmalion doit être rajeunie ; son inspiration faiblit, son ciseau mollit. Il nous faut lui donner une âme plus ardente et un nouveau chef-d'œuvre ne saurait tarder à jaillir de sa main. Mais notre orgueil serait extrême si, d'aventure, les dieux refaisant leur miracle, la nouvelle Galathée était une Bourguignotte.

Marcel MASSIAMES

DIJON, IMP. DARANTIERE.